Von Scrum-Guide 2017 zu 2020 – was sich ändert und wie es umgesetzt wird

Die Neuerungen des Scrum-Guide 2020 und die erfolgreiche Umsetzung in Ihrem Scrum-Team

Jeffrey S. Goldberg

Von Scrum-Guide 2017 zu 2020 – was sich ändert und wie es umgesetzt wird

Die Neuerungen des Scrum-Guide 2020 und die erfolgreiche Umsetzung in Ihrem Scrum-Team

Jeffrey S. Goldberg

Impressum

Bibliografische Information der Deutschen Nationalbibliothek:
Die Deutsche Nationalbibliothek verzeichnet diese Publikation in der
Deutschen Nationalbibliografie; detaillierte bibliografische Daten sind im
Internet über http://dnb.dnb.de abrufbar.

© 2021, Jeffrey S. Goldberg

Herstellung und Verlag: BoD – Books on Demand, Norderstedt

ISBN: 978-3-7519-8193-4

INHALT

Anmerkung zum Urheberrecht 9

Vorwort zu diesem Buch – das Programm 10

Der Sinn des Scrum Guides 12

    Version 2020 12

    Version 2017 13

    Kommentar 14

Scrum Definition 15

    Version 2020 15

    Version 2017 16

    Kommentar 20

Scrum Theorie 23

    Version 2020 23

    Version 2017 25

    Kommentar 28

Scrum Werte 30

    Version 2020 30

    Version 2017 31

    Kommentar 32

Scrum Team 33

    Version 2020 33

    Version 2017 34

- Kommentar 35
- Developer:innen 37
    - Version 2020 37
    - Version 2017 38
    - Kommentar 40
- Product Owner:in 42
    - Version 2020 42
    - Version 2017 43
    - Kommentar 45
- Scrum Master:in 47
    - Version 2020 47
    - Version 2017 49
    - Kommentar 52
- Scrum Events 54
    - Version 2020 54
    - Version 2017 54
    - Kommentar 55
- Der Sprint 56
    - Version 2020 56
    - Version 2017 58
    - Kommentar 61
- Sprint Planning 62
    - Version 2020 62
    - Version 2017 64

Kommentar	69
Daily Scrum	72
Version 2020	72
Version 2017	73
Kommentar	75
Sprint Review	77
Version 2020	77
Version 2017	78
Kommentar	80
Sprint Retrospektive	81
Version 2020	81
Version 2017	82
Kommentar	84
Scrum Artefakte	85
Version 2020	85
Version 2017	86
Kommentar	86
Product Backlog	87
Version 2020	87
Version 2017	89
Kommentar	93
Sprint Backlog	95
Version 2020	95
Version 2017	96

Kommentar	98
Increment	100
Version 2020	100
Version 2017	102
Kommentar	102
Schlussbemerkung	104
Version 2020	104
Version 2017	104
Kommentar	105
Bereiche, welche nicht als separate Titel in der Scrum Guide 2020 geführt sind	106
Transparenz der Artefakte	106
Definition of "Done"	107
Änderungen des Scrum Guides von 2020 im Vergleich zu 2017 (gemäss Aussage der Scrum Guide 2020)	109
Die Einführung des Scrum-Guide 2020 in Ihrem/n Team/s	113
Stärkung der Zusammenarbeit und der Übernahme von Verantwortung im Scrum-Team	114
Zusammenarbeit mit Stakeholder:innen und deren Mitwirkungspflicht	115
Die stärkere Fokussierung auf Produkt- und Sprintziel	115
Fragen zur Terminierung und Frequenz von Auslieferung	116
Das konkrete Vorgehen in der Weiterentwicklung	118
Scrum Glossar gemäss Scrum Guide 2020	120

Anmerkung zum Urheberrecht

Das vorliegende Buch enthält weite Teile aus den Scrum-Guides 2017 und 2020, welche beide von Jeff Sutherland und Ken Schwaber verfasst wurden und über scrumguides.org heruntergeladen wurden. Die entsprechenden Publikationen unterliegen dem Copyright der beiden Autoren und wurden wie folgt veröffentlicht:

"This publication is offered for license under the Attribution Share-Alike license of Creative Commons, accessible at http://creativecommons.org/licenses/by-sa/4.0/legalcode and also described in summary form at http://creativecommons.org/licenses/by-sa/4.0/. By utilizing this Scrum Guide, you acknowledge and agree that you have read and agree to be bound by the terms of the Attribution Share-Alike license of Creative Commons."

Der Autor dieser Publikation stimmt in Bezug auf alle von ihm erstellten Teile den damit verbundenen Folgen in Bezug auf die Nutzung zu.

Vorwort zu diesem Buch – das Programm

Der neue Scrum-Guide trifft auf mehr Anwender von Scrum als es jeder bisherige bei seinem Erscheinen tat. Viele Firmen haben die Situation, wenn ein neuer Scrum-Guide erscheint, noch nie erlebt und fragen sich zu Recht, was das für sie bedeutet – außer dass Mitarbeiter, welche eine Scrum-Zertifizierungsprüfung angehen, plötzlich auf neue Prüfungsfragen treffen.

Als freier Berater und erfahrener Scrum-Master wurde ich bereits in der Vergangenheit mit vergleichbaren Situationen konfrontiert und stellte dabei fest, dass das Vorliegen von Informationen für viele Firmen und Anwender eine zusätzliche Sicherheit bedeuten kann.

Aus diesem Grund habe ich mich entschlossen, die beiden relevanten Ausgaben des Scrum-Guide im Rahmen einer Publikation einander gegenüberzustellen und zu den einzelnen Kapiteln mit kurzen Kommentaren wichtige Themen hervorzuheben. Damit sollte für die verschiedenen Anwender eine gute Grundlage bestehen, sich selbst ein Bild von den Veränderungen zu machen.

Das Ganze habe ich um ein paar Inputs zum Thema der Transition von einem "Scrum-Team 2017" zu einem

"Scrum-Team 2020" erweitert und hoffe damit meinen Kollegen, Scrum-Mastern, ein paar hilfreiche Ansätze für ihre Arbeit zu liefern und sie bei "ihren" Teams zu unterstützen, damit diese in Zukunft in jeder Hinsicht noch erfolgreicher werden.

Viel Erfolg dabei

Der Autor

Der Sinn des Scrum Guides

Version 2020

Wir haben Scrum in den frühen 1990er-Jahren entwickelt. Wir haben die erste Version des Scrum Guides im Jahr 2010 geschrieben, um Menschen auf der ganzen Welt dabei zu helfen, Scrum zu verstehen. Wir haben den Guide seitdem durch kleine, funktionale Aktualisierungen weiterentwickelt. Wir stehen gemeinsam dahinter.

Der Scrum Guide enthält die Definition von Scrum. Jedes Element von Scrum dient einem bestimmten Zweck, der für den Gesamtwert und die mit Scrum erzielten Ergebnisse wesentlich ist. Den Kern oder die Grundideen von Scrum zu verändern, Elemente wegzulassen oder den Regeln von Scrum nicht zu folgen, verdeckt Probleme, begrenzt den Nutzen und macht Scrum im Zweifel sogar nutzlos.

Wir verfolgen den zunehmenden Einsatz von Scrum in einer stetig komplexer werdenden Welt. Wir sehen demütig, wie Scrum in zahlreichen Bereichen komplexer Arbeit über die Softwareentwicklung hinaus - wo Scrum seine Wurzeln hat - eingesetzt wird. Während sich die Verwendung von Scrum weiter verbreitet, wird diese Arbeit von Entwickler:innen, Forscher:innen,

Analyst:innen, Wissenschaftler:innen und anderen Spezialist:innen getan. Wir verwenden das Wort "Developer:innen" in Scrum nicht, um jemanden auszuschließen, sondern um zu vereinfachen. Wer auch immer vom Einsatz von Scrum profitiert, soll sich angesprochen fühlen.

Beim Einsatz von Scrum können Muster, Prozesse und Erkenntnisse angewendet und entwickelt werden, die zum Scrum-Rahmenwerk passen, wie es in diesem Dokument beschrieben ist. Ihre Beschreibung geht über den Zweck des Scrum Guides hinaus, da sie kontextabhängig sind und sich, je nachdem wie Scrum eingesetzt wird, stark unterscheiden. Solche Taktiken für die Anwendung innerhalb des Scrum- Rahmenwerks variieren stark und werden an anderer Stelle beschrieben.

Ken Schwaber & Jeff Sutherland, November 2020

Version 2017

Zweck des Scrum Guides

Scrum ist ein Rahmenwerk zur Entwicklung, Auslieferung und Erhaltung komplexer Produkte. Dieser Leitfaden beinhaltet die Definition von Scrum. Diese Definition besteht aus den Scrum Rollen, Ereignissen, Artefakten sowie den Regeln, die sie miteinander verbinden. Ken Schwaber und Jeff Sutherland haben Scrum entwickelt; der Scrum Guide wird von ihnen verfasst und veröffentlicht. Gemeinsam stehen sie hinter dem Scrum Guide.

Kommentar

Teile, welche in dem Scrum-Guide 2017 noch Teil der Definition waren, wurden nun in diesen separaten Abschnitt eingesetzt. Hintergrundinformationen zur Entwicklung und zum Kontext finden sich darin.

Scrum Definition

Version 2020

Scrum ist ein leichtgewichtiges Rahmenwerk, welches Menschen, Teams und Organisationen hilft, Wert durch adaptive Lösungen für komplexe Probleme zu generieren.

Kurz gesagt fordert Scrum, dass ein:e Scrum Master:in ein Umfeld fördert, in dem

1. *ein:e Product Owner:in die Arbeit für ein komplexes Problem in ein Product Backlog einsortiert;*
2. *das Scrum Team aus einer Auswahl dieser Arbeit innerhalb eines Sprints ein wertvolles Increment erzeugt;*
3. *das Scrum Team und dessen Stakeholder:innen die Ergebnisse überprüfen und für den nächsten Sprint anpassen;*
4. *diese Schritte wiederholt werden.*

Scrum ist einfach. Probiere es so aus, wie es ist, und finde heraus, ob seine Philosophie, Theorie und Struktur dabei helfen, Ziele zu erreichen und Wert zu schaffen. Das Scrum-Rahmenwerk ist absichtlich unvollständig und definiert nur die Teile, die zur Umsetzung der Scrum-

Theorie erforderlich sind. Scrum baut auf der kollektiven Intelligenz der Personen auf, die es anwenden. Anstatt den Menschen detaillierte Anweisungen zu geben, leiten die Regeln von Scrum ihre Beziehungen und Interaktionen.

Innerhalb des Rahmenwerks können verschiedene Prozesse, Techniken und Methoden eingesetzt werden. Scrum umhüllt bestehende Praktiken oder macht sie überflüssig. Scrum macht die relative Wirksamkeit des aktuellen Managements, der Umgebung und der Arbeitstechniken sichtbar, so dass Verbesserungen vorgenommen werden können.

Version 2017

Scrum (n): Ein Rahmenwerk, innerhalb dessen Menschen komplexe adaptive

Aufgabenstellungen angehen können, und durch das sie in die Lage versetzt werden, produktiv und kreativ Produkte mit höchstmöglichem Wert auszuliefern.

Scrum ist:

- Leichtgewichtig
- Einfach zu verstehen
- Schwierig zu meistern

Scrum wird seit den frühen 1990er Jahren als Prozessrahmenwerk zum Management der Arbeit an komplexen Produkten verwendet. Scrum ist weder ein Prozess, noch eine Technik oder vollständige Methode. Vielmehr ist es ein Rahmenwerk, innerhalb dessen verschiedene Prozesse und Techniken zum Einsatz gebracht werden können. Scrum macht die relative Wirksamkeit Ihres Produktmanagements und Ihrer Arbeitstechniken sichtbar, damit Sie fortlaufend das Produkt, das Team und die Arbeitsumgebung verbessern können.

Das Scrum-Rahmenwerk besteht aus Scrum-Teams und den zu ihnen gehörenden Rollen, Ereignissen, Artefakten und Regeln. Jede Komponente innerhalb des Rahmenwerks dient einem bestimmten Zweck und ist unentbehrlich für den Einsatz von Scrum und dessen Erfolg.

Durch die Regeln von Scrum werden die Beziehungen und Wechselwirkungen zwischen den Rollen, Ereignissen und Artefakten bestimmt. Die Regeln von Scrum sind im Hauptteil dieses Dokumentes dargestellt.

Bestimmte Taktiken zur Nutzung von Scrum variieren und sind an anderer Stelle beschrieben.

Anwendungen von Scrum

Scrum wurde ursprünglich dazu entwickelt, um Produkte zu managen und zu entwickeln. Seit den frühen 1990er Jahren wird Scrum weltweit ausgiebig genutzt zur:

1. Erforschung und Identifizierung rentabler Märkte, Technologien und Produktfähigkeiten;
2. Entwicklung von Produkten und Verbesserungen;
3. Auslieferung von Produkten und Verbesserungen, auch vielfach pro Tag;
4. Entwicklung und Aufrechterhaltung von Cloud-Umgebungen (online, secure, ondemand) und anderer Produktivumgebungen; sowie,
5. Erhaltung und Erneuerung von Produkten.

Scrum wird verwendet, um Software, Hardware, Embedded Software, Netzwerke von interagierenden Funktionen und autonome Fahrzeuge zu entwickeln.

Scrum wird aber auch in Schulen, Regierungs- und Marketingprojekten genutzt, zur Verwaltung von Organisationen und der Entwicklung von fast allem, was wir in unserem täglichen Leben als Einzelpersonen und als Gesellschaften verwenden.

Scrum bewährt sich täglich im Umgang mit Komplexität, da Technologie-, Markt- und Umweltkomplexitäten und deren Interaktionen rapide zugenommen haben.

Scrum hat sich bei iterativem und inkrementellem Wissenstransfer als besonders effektiv erwiesen. Scrum wird heute häufig für Produkte, Dienstleistungen und das Management der übergeordneten Organisation verwendet.

Der Kern von Scrum ist ein kleines Team von Menschen. Dieses Team ist sehr flexibel und anpassungsfähig. Diese Stärken wirken weiter zwischen mehreren und vielen Teams und sogar Netzwerken von Teams, die die Arbeit und Ergebnisse von Tausenden von Menschen entwickeln, ausliefern, betreiben und erhalten. Sie arbeiten über durchdachte Entwicklungsarchitekturen und Zielumgebungen für Auslieferungen zusammen.

Wenn die Wörter "entwickeln" und "Entwicklung" im Scrum Guide verwendet werden, beziehen sie sich auf komplexe Arbeit, wie z.B. die oben beschriebenen Typen.

Kommentar

Bereits in diesem Abschnitt stellt sich eine grundlegende Veränderung der Fokussierung dar. War die Definition des Scrum-Guide 2017 zu einem guten Teil mit einer Vielzahl eher organisatorisch-historischer Fakten befasst, so fokussiert der Scrum-Guide 2020 ganz klar auf den zentralen Aspekt von Scrum – auf das Scrum-Team und die von ihm zur optimalen Arbeit benötigten Rahmenbedingungen. Dabei fallen ein paar zentrale Aussagen auf:

1. Die **Scrum-Master-Rolle** wird sehr zentral dargestellt. Es ist eine zentrale Forderung, dass *"ein:e Scrum Master:in ein Umfeld fördert..."* Damit wird nochmals ganz zentral die Wichtigkeit der Rolle des Scrum-Masters hervorgehoben. Womöglich nicht zuletzt als Antwort auf die Tatsache, dass viele Organisationen die Rolle des Scrum-Masters eher unterschätzen oder in manchen Fällen gar nicht oder nur sehr beschränkt einsetzen.

2. Als Nächstes wird im Scrum-Guide sehr zentral die Rolle der **Stakeholder:innen und deren Verantwortung**, die Ergebnisse zu überprüfen, festgehalten.
3. Schließlich wird hervorgehoben, dass **Scrum bewusst unvollständig** ist und nur Teile definiert sind, welche zur Umsetzung der Scrum-Theorie erforderlich sind. Dabei wird dargestellt, dass es bei dem Scrum-Guide nicht darum geht, Menschen detaillierte Anweisungen zu geben, sondern um die Rahmenbedingungen, welche ihre Beziehungen und Interaktionen leiten. Dies setzt der Scrum-Guide 2020 auch gleich selbst um, indem etliche Elemente nicht mehr festgelegt werden, welche in früheren Ausgaben noch viel Gewicht bekommen haben, wie beispielsweise die "Drei Fragen" im Daily Scrum.

Man kann sagen, dass der Scrum-Guide sich in dieser neuen Ausgabe noch mehr von der Ebene der Handlungsanweisungen zurückzieht und mehr das Thema des Mindset und der Rahmenbedingungen ins Zentrum seiner Ausführungen stellt. Dies bedeutet für die Teams zum einen "mehr Freiheit", aber es macht die Umsetzung auch schwieriger, weil es noch weniger konkrete klare Anweisungen gibt, welchen das Team folgen könnte. Dies kann zur Herausforderung werden, bietet aber auch die große Chance, dass damit die Verantwortungsübernahme durch das Team und der Aspekt der Transparenz, kontinuierlichen Überprüfung und Anpassung noch weiter gestärkt werden.

Scrum Theorie

Version 2020

Scrum basiert auf Empirie und Lean Thinking. Empirie bedeutet, dass Wissen aus Erfahrung gewonnen wird und Entscheidungen auf der Grundlage von Beobachtungen getroffen werden. Lean Thinking reduziert Verschwendung und fokussiert auf das Wesentliche.

Scrum verwendet einen iterativen, inkrementellen Ansatz zur Optimierung der Vorhersagbarkeit und zur Risikokontrolle. Scrum setzt auf Personengruppen, die gemeinsam über alle Fähigkeiten und Fachkenntnisse verfügen, um die Arbeit zu erledigen und solche Fähigkeiten im Bedarfsfall zu teilen oder zu erwerben.

Scrum kombiniert vier formale Events zur Überprüfung und Anpassung innerhalb eines umspannenden Events, des Sprints. Diese Events funktionieren, weil sie die empirischen Scrum-Säulen Transparenz, Überprüfung und Anpassung implementieren.

Transparenz

Der sich entwickelnde Prozess und die entstehende Arbeit müssen sowohl für diejenigen sichtbar sein, die die Arbeit ausführen, als auch für diejenigen, die die Arbeit empfangen. Bei Scrum basieren wichtige Entscheidungen auf dem wahrgenommenen Zustand seiner drei formalen Artefakte. Artefakte, die wenig transparent sind, können zu Entscheidungen führen, die den Wert mindern und das Risiko erhöhen.

Transparenz ermöglicht Überprüfung. Eine Überprüfung ohne Transparenz ist irreführend und verschwenderisch.

Überprüfung

Die Scrum-Artefakte und der Fortschritt in Richtung der vereinbarten Ziele müssen häufig und sorgfältig überprüft werden, um potenziell unerwünschte Abweichungen oder Probleme aufzudecken. Um bei der Überprüfung zu helfen, bietet Scrum eine Kadenz in Form seiner fünf Events.

Überprüfung ermöglicht Anpassung. Überprüfung ohne Anpassung wird als unsinnig betrachtet. Scrum Events sind darauf ausgerichtet, Veränderungen zu bewirken.

Anpassung

Wenn einzelne Aspekte eines Prozesses von akzeptablen Grenzen abweichen oder wenn das resultierende Produkt nicht akzeptabel ist, müssen der angewandte Prozess oder die produzierten Ergebnisse angepasst werden. Die Anpassung muss so schnell wie möglich erfolgen, um weitere Abweichungen zu minimieren.

Die Anpassung wird schwieriger, wenn die beteiligten Personen nicht bevollmächtigt (empowered) sind oder sich nicht selbst managen können. Von einem Scrum Team wird erwartet, dass es sich in dem Moment anpasst, in dem es durch Überprüfung etwas Neues lernt.

Version 2017

Scrum basiert auf der Theorie empirischer Prozesssteuerung oder kurz "Empirie". Empirie bedeutet, dass Wissen aus Erfahrung gewonnen wird und Entscheidungen auf Basis des Bekannten getroffen werden. Scrum verfolgt einen iterativen, inkrementellen Ansatz, um Prognosesicherheit zu optimieren und Risiken zu kontrollieren.

Drei Säulen tragen jede empirische Prozesssteuerung: Transparenz, Überprüfung [Inspection] und Anpassung [Adaptation].

Transparenz

Die wesentlichen Aspekte des Prozesses müssen für diejenigen sichtbar sein, die für das Ergebnis verantwortlich sind. Transparenz erfordert, dass diese Aspekte nach einem gemeinsamen Standard definiert werden, damit die Betrachter ein gemeinsames Verständnis des Gesehenen teilen.

Dies umfasst beispielsweise:

- Eine gemeinsame Prozesssprache, die von allen Teilnehmern geteilt wird.
- Die Personen, die das Produktinkrement produzieren und inspizieren, müssen alle ein gemeinsames Verständnis von „fertig" [„Done"] teilen.

Überprüfung

Scrum-Anwender müssen die Scrum-Artefakte und den Fortschritt regelmäßig in Bezug auf die Erreichung des Sprint-Ziels überprüfen, um unerwünschte Abweichungen zu erkennen. Ihre Untersuchungen sollten nicht so häufig erfolgen, dass sie die Arbeit behindern. Den größten Nutzen bringen Überprüfungen, wenn sie gewissenhaft durch kompetente Prüfer dort vorgenommen werden, wo die Arbeit verrichtet wird.

Anpassung

Wenn ein Prüfer feststellt, dass Aspekte des Prozesses von den akzeptablen Grenzwerten abweichen und dass das resultierende Produkt so nicht akzeptabel sein wird, müssen der Prozess oder das zu bearbeitende Material angepasst werden. Die Anpassung muss [dann] so schnell wie möglich vorgenommen werden, um weitere Abweichungen zu minimieren.

Scrum schreibt vier formale Ereignisse für Überprüfung und Anpassung vor. Diese werden im Abschnitt Scrum-Ereignisse beschrieben:

- Sprint Planning
- Daily Scrum

- Sprint Review
- Sprint Retrospektive

Kommentar

Im Scrum-Guide 2020 werden einige Grundlagen von Scrum hervorgehoben:

- Empirie ⇒ Entscheidungen werden basierend auf Beobachtungen getroffen.
- Lean Thinking ⇒ Reduktion von Verschwendung und Fokussierung auf das Wesentliche.
- Iterativer, inkrementeller Ansatz ⇒ Optimierung von Vorhersagbarkeit und Risikokontrolle.

Die Bedeutung der Events in Bezug auf die Implementation der Säulen von Scrum, "Transparenz", "Überprüfung" und "Anpassung", wird hervorgehoben und deren Zusammenspiel weiter dargestellt. Transparenz bietet dabei die Grundlage für die Möglichkeit einer zielführenden Überprüfung und Anpassung, um auf festgestellte, nicht akzeptable Abweichungen zu reagieren. Wichtig ist auch in diesem Abschnitt wiederum die besondere Funktion des Teams, wenn festgehalten wird, dass Anpassungen nur dann optimal funktionieren können, wenn die beteiligten Personen bevollmächtigt sind.

Scrum Werte

Version 2020

Die erfolgreiche Anwendung von Scrum hängt davon ab, dass die Menschen immer besser in der Lage sind, fünf Werte zu leben:

Commitment, Fokus, Offenheit, Respekt und Mut

Das Scrum Team committet sich, seine Ziele zu erreichen und sich gegenseitig zu unterstützen. Sein primärer Fokus liegt auf der Arbeit des Sprints, um den bestmöglichen Fortschritt in Richtung dieser

Ziele zu bewirken. Das Scrum Team und dessen Stakeholder:innen sind offen in Bezug auf die Arbeit und die Herausforderungen. Die Mitglieder des Scrum Teams respektieren sich gegenseitig als fähige, unabhängige Personen und werden als solche auch von den Menschen, mit denen sie zusammenarbeiten, respektiert. Die Mitglieder des Scrum Teams haben den Mut, das Richtige zu tun: an schwierigen Problemen zu arbeiten.

Diese Werte geben dem Scrum Team die Richtung vor, was seine Arbeit, seine Handlungen und sein Verhalten betrifft. Die Entscheidungen, die getroffen werden, die Schritte, die unternommen werden, und die Art und Weise, wie Scrum angewendet wird, sollten diese Werte stärken und nicht schmälern oder untergraben. Die Mitglieder des Scrum Teams lernen und erforschen die Werte, während sie in den Events und mit den Artefakten von Scrum arbeiten. Wenn diese Werte durch das Scrum Team und die Menschen, mit denen es arbeitet, verkörpert werden, werden die empirischen Scrum-Säulen Transparenz, Überprüfung und Anpassung lebendig und bauen Vertrauen auf.

Version 2017

Wenn die Werte Selbstverpflichtung, Mut, Fokus, Offenheit und Respekt durch das Scrum-Team verkörpert und gelebt werden, werden die Scrum-Säulen Transparenz, Überprüfung und Anpassung lebendig und bauen bei allen Beteiligten Vertrauen zueinander auf. Die Mitglieder des Scrum-Teams lernen und erforschen diese Werte, indem sie mit den Scrum-Ereignissen, Rollen und Artefakten arbeiten.

Der erfolgreiche Einsatz von Scrum beruht darauf, dass alle Beteiligten kompetenter bei der

Erfüllung dieser fünf Werte werden. Sie verpflichten sich persönlich dazu, die Ziele des ScrumTeams zu erreichen. Die Mitglieder des Scrum-Teams haben den Mut, das Richtige zu tun und an schwierigen Problemen zu arbeiten. Jeder fokussiert sich auf die Arbeit im Sprint und die Ziele des Scrum-Teams. Das Scrum-Team und seine Stakeholder sind sich einig, offen mit allen Belangen ihrer Arbeit und den damit verbundenen Herausforderungen umzugehen. Mitglieder von Scrum-Teams respektieren sich gegenseitig als fähige, eigenverantwortliche Individuen

Kommentar

Eine zentrale Veränderung in Bezug auf die Werte betrifft wiederum den Einbezug der Stakeholder:innen in die Darstellung. Das Leben der Werte von Scrum wird damit nicht nur einfach zur Anforderung an das Scrum-Team selbst oder das Developer:innen-Team, sondern vielmehr die Grundlage der Zusammenarbeit aller Beteiligten. Dies trägt der Erfahrung Rechnung, dass ein agiles Team – ob es nun Scrum oder ein anderes Framework einsetzt – nur dann wirklich erfolgreich sein kann, wenn auch das Umfeld diese Werte lebt.

Scrum Team

Version 2020

Der zentrale Bestandteil von Scrum ist ein kleines Team von Menschen, ein Scrum Team. Das Scrum Team besteht aus einem:einer Scrum Master:in, einem:einer Product Owner:in und Developer:innen. Innerhalb eines Scrum Teams gibt es keine Teilteams oder Hierarchien. Es handelt sich um eine geschlossene Einheit von Fachleuten, die sich auf ein Ziel konzentrieren, das Produkt-Ziel.

Scrum Teams sind interdisziplinär, d.h. die Mitglieder verfügen über alle Fähigkeiten, die erforderlich sind, um in jedem Sprint Wert zu schaffen. Sie managen sich außerdem selbst, d.h. sie entscheiden intern, wer was wann und wie macht.

Das Scrum Team ist klein genug, um flink zu bleiben und groß genug, um innerhalb eines Sprints bedeutsame Arbeit fertigzustellen, üblicherweise 10 oder weniger Personen. Im Allgemeinen haben wir festgestellt, dass kleinere Teams besser kommunizieren und produktiver sind. Wenn Scrum Teams zu groß werden, sollten sie in Erwägung ziehen, sich in mehrere zusammengehörende

Scrum Teams zu reorganisieren, die sich alle auf dasselbe Produkt konzentrieren. Daher sollten sie Produkt-Ziel, Product Backlog und Product Owner:in teilen.

Das Scrum Team ist umsetzungsverantwortlich (responsible) für alle produktbezogenen Aktivitäten: Zusammenarbeit mit den Stakeholder:innen, Verifikation, Wartung, Betrieb, Experimente, Forschung und Entwicklung und alles, was sonst noch erforderlich sein könnte. Es ist von der Organisation so aufgebaut und befähigt, dass es seine Arbeit selbst steuert. Das Arbeiten in Sprints mit einer nachhaltigen Geschwindigkeit verbessert den Fokus und die Kontinuität des Scrum Teams.

Das gesamte Scrum Team ist ergebnisverantwortlich (accountable), in jedem Sprint ein wertvolles, nützliches Increment zu schaffen. Scrum definiert drei spezifische Ergebnisverantwortlichkeiten innerhalb des Scrum Teams: Developer:innen, Product Owner:in und Scrum Master:in

Version 2017

Ein Scrum-Team besteht aus dem Product Owner, dem Entwicklungsteam, sowie dem Scrum Master. Scrum-Teams sind selbstorganisierend und interdisziplinär.

Selbstorganisierende Teams entscheiden selbst, wie sie ihre Arbeit am besten erledigen, anstatt dieses durch andere Personen außerhalb des Teams vorgegeben zu bekommen. Interdisziplinäre Teams verfügen über alle Kompetenzen, die erforderlich sind, um die Arbeit zu erledigen, ohne dabei von Personen außerhalb des Entwicklungsteams abhängig zu sein. Das Team-Modell in Scrum wurde konzipiert, um Flexibilität, Kreativität und Produktivität zu optimieren. Es hat sich herausgestellt, dass ein Scrum-Team für alle eingangs aufgeführten Anwendungsfälle und jegliche komplexe Arbeit in zunehmenden Maße effektiv ist.

Scrum-Teams liefern Produkte iterativ und inkrementell und maximieren somit die

Gelegenheiten für Feedback. Die inkrementelle Auslieferung eines "fertigen" [Done] Produkts sorgt dafür, dass stets eine potentiell nützliche Version des Produkts zur Verfügung steht.

Kommentar

Der Scrum-Guide hebt in seiner Version von 2020 die zentrale Wichtigkeit des Produktzieles weiter hervor. Tiefgreifende Informationen dazu, was darunter zu verstehen ist, finden sich im Abschnitt über das Product-Backlog.

Anders als in früheren Versionen wird im Scrum-Guide 2020 nicht mehr von einer Maximalgröße des Entwicklerteams gesprochen. Vielmehr wird definiert, dass das gesamte Scrum-Team *"üblicherweise 10 oder weniger Personen"* umfasst. Begründet wird diese Begrenzung mit besserer Kommunikation und höherer Produktivität. Es wird empfohlen, Scrum-Teams, welche größer werden, in mehrere zusammengehörende Scrum-Teams zu reorganisieren.

Schließlich wird die Verantwortlichkeit des Scrum-Teams klar definiert und dabei nach umsetzungsverantwortlich (responsible) und ergebnisverantwortlich (accountable) unterschieden. Ersteres ist die Verantwortung, eine Maßnahme durchzuführen, Letzteres die Verantwortung für die Qualität des damit verbundenen Resultates.

- Umsetzungsverantwortlich: für alle produktbezogenen Aktivitäten
- Ergebnisverantwortlich: um in jedem Sprint ein wertvolles, nützliches Inkrement zu schaffen

Developer:innen

Version 2020

Developer:innen sind jene Personen im Scrum Team, die sich der Aufgabe verschrieben haben, jeden Sprint jeden Aspekt eines nutzbaren Increments zu schaffen.

Die spezifischen Fähigkeiten, die von den Developer:innen benötigt werden, sind oft breit gefächert und variieren je nach Arbeitskontext. Die Developer:innen sind jedoch immer ergebnisverantwortlich dafür,

- *einen Plan für den Sprint zu erstellen, das Sprint Backlog;*
- *Qualität durch die Einhaltung einer Definition of Done einzubringen;*
- *täglich ihren Plan zur Erreichung des Sprint-Ziels anzupassen; und*
- *sich wechselseitig als Expert:innen zur Verantwortung zu ziehen.*

Version 2017

Das Entwicklungsteam besteht aus Profis, die am Ende eines jeden Sprints ein fertiges [„Done"] Inkrement übergeben, welches potenziell auslieferbar ist. Im Sprint Review muss ein fertiges Inkrement vorhanden sein. Nur Mitglieder der Entwicklungsteams erstellen das Produktinkrement.

Entwicklungsteams sind von der Organisation so strukturiert und befähigt, dass sie ihre eigene Arbeit selbst organisieren und managen. Die daraus resultierende Synergie optimiert die Gesamteffizienz und -Effektivität des Entwicklungsteams.

Entwicklungsteams weisen die folgenden Eigenschaften auf:

- Sie sind selbstorganisierend. Niemand (nicht einmal der Scrum Master) sagt dem Entwicklungsteam, wie es aus dem Product Backlog potenziell auslieferbare Funktionalität erzeugen soll.
- Entwicklungsteams sind interdisziplinär. Sie haben als Team alle Fähigkeiten, die notwendig sind, um ein Produktinkrement zu erstellen.

- Scrum kennt für Mitglieder des Entwicklungsteams keine Titel. Dies ist unabhängig von der Arbeit, die diese Personen erledigen.
- Scrum kennt keine weiteren Unterteilungen innerhalb des Entwicklungsteams, ungeachtet der verschiedenen Themenfelder, mit denen das Team sich befasst, also z.B. "Test", "Architektur", "Betrieb" oder "Analyse".
- Einzelne Mitglieder des Entwicklungsteams können zwar spezialisierte Fähigkeiten oder Spezialgebiete haben, aber die Rechenschaftspflicht obliegt dem Team als Ganzem.

Größe des Entwicklungsteams

Die optimale Größe des Entwicklungsteams ist klein genug, um flink zu bleiben und groß genug, um bedeutende Arbeit innerhalb eines Sprints erledigen zu können. Weniger als drei Mitglieder des Entwicklungsteams reduzieren die Interaktion und führen zu geringeren

Produktivitätssteigerungen [als bei größeren Teams]. Kleinere Entwicklungsteams können eventuell kein potentiell auslieferbares Produktinkrement liefern, da sie möglicherweise nicht über alle benötigten Fähigkeiten verfügen. Mehr als neun Mitglieder erfordern zu viel Koordination. Große Entwicklungsteams erzeugen eine zu hohe Komplexität, als dass ein empirischer Prozess nützlich wäre. Product Owner und Scrum Master zählen nicht zu dieser Zahl dazu, sofern sie nicht ebenso die Arbeit aus dem Sprint Backlog erledigen.

Kommentar

Wo der Scrum-Guide 2017 einen Fokus auf die Eigenschaften des Entwicklungsteams legte, fokussiert die Darstellung in der neuen Version die Ergebnisverantwortung des Developer:innen-Teams. Die vier aufgezählten Verantwortungsbereiche sind nicht wirklich neu:

- Erstellen eines Plans für den Sprint, das Sprint-Backlog
- Qualität sicherstellen durch Einhalten der Definition of Done
- Tägliche Anpassung des Planes zum Erreichen des Sprint-Ziels
- Sich wechselseitig als Expert:innen zur Verantwortung zu ziehen.

Im letzten Punkt macht der Guide klar, dass die Developer:innen die Verantwortung haben, sich bei Bedarf gegenseitig zu involvieren und Unterstützung zu erfragen. Damit wird jeder Einzelne im Team mitverantwortlich, einerseits andere zu unterstützen, andererseits aber auch solche Unterstützung anzufragen.

Eine Beschränkung des Entwicklerteams wie im Scrum-Guide 2017 auf 3–9 Personen wird nicht mehr explizit dargestellt. Basierend auf den Maßgaben zur Gesamtgröße des Teams bleibt aber der Fokus auf einem kleinen, schlagkräftigen Team bestehen.

Product Owner:in

Version 2020

Der:die Product Owner:in ist ergebnisverantwortlich für die Maximierung des Wertes des Produkts, der sich aus der Arbeit des Scrum Teams ergibt. Wie dies geschieht, kann je nach Organisation, Scrum Team und Individuum sehr unterschiedlich sein.

Der:die Product Owner:in ist auch für ein effektives Product-Backlog-Management ergebnisverantwortlich, das Folgendes umfasst:

- *das Produkt-Ziel zu entwickeln und explizit zu kommunizieren;*

- *die Product-Backlog-Einträge zu erstellen und klar zu kommunizieren;*

- *die Reihenfolge der Product-Backlog-Einträge festzulegen; und*

- *sicherzustellen, dass das Product Backlog transparent, sichtbar und verstanden ist.*

Der:die Product Owner:in kann die oben genannten Arbeiten selbst durchführen oder die Umsetzungsverantwortung an andere delegieren. Unabhängig davon bleibt der:die Product Owner:in ergebnisverantwortlich.

Damit der:die Product Owner:in Erfolg haben kann, muss die gesamte Organisation seine:ihre Entscheidungen respektieren. Diese Entscheidungen sind im Inhalt und in der Reihenfolge des Product Backlogs sowie durch das überprüfbare Increment beim Sprint Review, sichtbar.

Der:die Product Owner:in ist eine Person, kein Gremium. Der:die Product Owner:in kann die Bedürfnisse vieler Stakeholder:innen im Product Backlog berücksichtigen. Diejenigen, die das Product Backlog ändern möchten, können dies tun, indem sie versuchen, den:die Product Owner:in zu überzeugen.

Version 2017

Der Product Owner ist dafür verantwortlich, den Wert des Produktes zu maximieren, das aus der Arbeit des Entwicklungsteams entsteht. Wie dies geschieht, kann je nach Organisation, ScrumTeam und Einzelpersonen stark variieren.

Der Product Owner ist die einzige Person, die für das Management des Product Backlogs verantwortlich ist. Das Product-Backlog-Management umfasst:

- Die Product-Backlog-Einträge klar zu formulieren;
- Die Einträge im Product Backlog so zu sortieren, dass Ziele und Missionen optimal erreicht werden können;
- Den Wert der Arbeit zu optimieren, die das Entwicklungsteam erledigt;
- Sicherzustellen, dass das Product Backlog sichtbar, transparent und für alle klar ist sowie zeigt, woran das Scrum-Team als nächstes arbeiten wird; und
- Sicherzustellen, dass das Entwicklungsteam die Product-Backlog-Einträge im erforderlichen Maße versteht.

Der Product Owner kann die oben genannten Arbeiten selbst durchführen oder sie durch das Entwicklungsteam erledigen lassen. Der Product Owner bleibt jedoch immer rechenschaftspflichtig.

Der Product Owner ist eine einzelne Person, kein Komitee. Er kann zwar die Wünsche eines

Komitees im Product Backlog wiedergeben, aber diejenigen, die einen Eintrag des Product Backlogs in seiner Priorität verändern möchten, müssen sich an den Product Owner wenden.

Damit der Product Owner erfolgreich sein kann, muss die gesamte Organisation seine

Entscheidungen respektieren. Die Entscheidungen des Product Owners sind in Inhalt und Reihenfolge des Product Backlogs sichtbar. Niemand darf das Entwicklungsteam zwingen, andere Anforderungen zu bearbeiten.

Kommentar

Der:die Product-Owner:in ist ergebnisverantwortlich für die Maximierung des Wertes für den Kunden und ein effektives Product-Backlog-Management. Auch wenn er die Aufgaben im Rahmen des Product-Backlog-Managements delegieren kann, bleibt er doch immer ergebnisverantwortlich.

Ganz klar wird auch hervorgehoben, dass der:die Product Owner:in die Bedürfnisse der Stakeholder:innen berücksichtigen KANN. Wenn jemand Änderungen im

Product-Backlog wünscht, kann dies nur geschehen, indem er den Product-Owner davon überzeugt. Hiermit wird nochmals sehr klar die Wichtigkeit hervorgehoben, dass die Product-Owner-Rollen die finale Kompetenz für Entscheidungen über den Produktumfang haben. Nur wenn sie diese besitzen, können sie auch für die Wertmaximierung ergebnisverantwortlich sein.

Scrum Master:in

Version 2020

Der:die Scrum Master:in ist ergebnisverantwortlich für die Einführung von Scrum, wie es im Scrum Guide definiert ist. Er:sie tut dies, indem er:sie allen dabei hilft, die Scrum-Theorie und -Praxis zu verstehen, sowohl innerhalb des Scrum Teams als auch in der Organisation.

Der:die Scrum Master:in ist ergebnisverantwortlich für die Effektivität des Scrum Teams. Er:sie tut dies, indem er:sie das Scrum Team in die Lage versetzt, seine Praktiken innerhalb des Scrum-Rahmenwerks zu verbessern.

Scrum Master:innen sind echte Führungskräfte, die dem Scrum Team und der Gesamtorganisation dienen.

Der:die Scrum Master:in dient dem Scrum Team auf unterschiedliche Weise, unter anderem dadurch,

- *die Teammitglieder in Selbstmanagement und interdisziplinärer Zusammenarbeit zu coachen;*

- *das Scrum Team bei der Fokussierung auf die Schaffung von hochwertigen Increments zu unterstützen, die der Definition of Done entsprechen;*
- *die Beseitigung von Hindernissen (impediments) für den Fortschritt des Scrum Teams zu bewirken; und*
- *sicherzustellen, dass alle Events von Scrum stattfinden, positiv und produktiv sind und innerhalb der Timebox bleiben.*

Der:die Scrum Master:in dient dem:der Product Owner:in auf unterschiedliche Weise, unter anderem dadurch,

- *bei der Suche nach Techniken zur effektiven Definition des Produkt-Ziels und zum Product-Backlog-Management zu helfen;*
- *dem Scrum Team dabei zu helfen, die Notwendigkeit klarer und präziser Product-Backlog-Einträge zu verstehen;*
- *bei der Etablierung einer empirischen Produktplanung für ein komplexes Umfeld zu helfen; und*
- *die Zusammenarbeit mit Stakeholder:innen nach Wunsch oder Bedarf zu fördern (facilitate).*

Der:die Scrum Master:in dient der Organisation auf unterschiedliche Weise, unter anderem dadurch,

- *die Organisation bei der Einführung von Scrum zu führen, zu schulen und zu coachen;*
- *Einführungen von Scrum in der Organisation zu planen und zu empfehlen;*
- *Mitarbeitende und Stakeholder:innen beim Verständnis und bei der Umsetzung eines empirischen Ansatzes für komplexe Arbeit zu unterstützen; und*
- *Barrieren zwischen Stakeholder:innen und Scrum Teams zu beseitigen.*

Version 2017

Der Scrum Master ist dafür verantwortlich, Scrum entsprechend des Scrum Guides zu fördern und zu unterstützen. Scrum Master tun dies, indem sie allen Beteiligten helfen, die ScrumTheorie, Praktiken, Regeln und Werte zu verstehen.

Der Scrum Master ist ein „Servant Leader" für das Scrum-Team. Der Scrum Master hilft denjenigen, die kein Teil des Scrum-Teams sind, zu verstehen, welche ihrer Interaktionen mit dem Team sich hilfreich auswirken und welche nicht. Der Scrum Master hilft dabei, die

Zusammenarbeit so zu optimieren, dass der durch das Scrum-Team generierte Wert maximiert wird.

Der Dienst des Scrum Masters für den Product Owner

Der Scrum Master dient dem Product Owner auf verschiedene Arten, unter anderem durch das:

- Sicherstellen, dass Ziele, Umfang und Produktdomäne von allen im Scrum-Team so gut wie möglich verstanden werden;
- Vermitteln von Techniken für eine effektive Verwaltung des Product Backlogs;
- Vermitteln eines Verständnisses für die Notwendigkeit klarer, prägnanter Product Backlog Einträge im Scrum-Team;
- Schaffen eines Verständnisses für Produktplanung in einem empirischen Arbeitsumfeld;
- Sicherstellen, dass der Product Owner weiß, wie er das Product Backlog so anordnet, dass es den größten Wert erzeugt;
- Vermitteln des richtigen Verständnisses von Agilität und ihrer Anwendung;
- Unterstützen bei der Durchführung von Scrum Ereignissen bei Bedarf oder auf Anfrage.

Der Dienst des Scrum Masters für das Entwicklungsteam

Der Scrum Master dient dem Entwicklungsteam auf verschiedene Arten, unter anderem durch das

- Coachen des Entwicklungsteams hin zu Selbstorganisation und funktionsübergreifender Teamarbeit;
- Unterstützen des Entwicklungsteams bei der Schaffung hochwertiger Produkte;
- Beseitigen von Hindernissen, die das Entwicklungsteam aufhalten;
- Unterstützen bei der Durchführung von Scrum-Ereignissen bei Bedarf oder auf Anfrage;
- Coachen des Entwicklungsteams in Organisationen, in denen Scrum noch nicht vollständig angenommen und verstanden wird.

Der Dienst des Scrum Masters an der Organisation

Der Scrum Master dient der Organisation auf verschiedene Arten, unter anderem durch das

- Leiten und Coachen der Organisation bei der Einführung von Scrum;
- Planen von Scrum-Implementierungen innerhalb der Organisation;
- Unterstützen von Kollegen und Stakeholdern, Scrum und empirische Produktentwicklung zu verstehen und umzusetzen;
- Auslösen von Veränderungen zur Produktivitätssteigerung des Teams;
- Zusammenarbeiten mit anderen Scrum Mastern, um die Effektivität von Scrum- Implementierungen innerhalb der Organisation zu verbessern.

Kommentar

Der Scrum-Guide 2020 startet mit der Aussage, dass der:die Scrum Master:in ergebnisverantwortlich für die Einführung von Scrum ist. Auch wenn dies nicht wirklich eine neue Aussage darstellt, so spricht doch die Tatsache, dass diese Verantwortlichkeit des Scrum-Masters vor den wahrscheinlich für viele Menschen geläufigeren Aufgaben der Unterstützung des Teams dargestellt wird, für eine gewisse Wichtigkeit dieser Aufgabenstellung. Dies hängt wohl auch damit zusammen, dass dieser Aspekt der Arbeit eines Scrum-Masters in vielen Organisationen fälschlicherweise nicht umgesetzt wird.

Die Aufzählung der Aufgabenstellungen für die verschiedenen Scrum-Teammitglieder und die Organisation ist nicht wirklich überraschend.

Was in dem Zusammenhang womöglich auffallen kann, ist die Tatsache, dass die Leistung gegenüber den Stakeholdern um *"Barrieren zwischen Stakeholder:innen und Scrum-Teams zu beseitigen"* ergänzt wurde. Auch hier wiederum findet sich ein klares Signal für die Wichtigkeit der Zusammenarbeit mit den Stakeholdern als wesentlichen Erfolgsfaktor für die Umsetzung von Scrum, der leider in vielen Implementationen vernachlässigt oder auf ein reines "Abnehmen" von Produkten reduziert wird (wobei Letzteres überhaupt nicht Teil von Scrum sein sollte).

Scrum Events

Version 2020

Der Sprint ist ein Container für alle anderen Events. Jedes Event in Scrum ist eine formelle Gelegenheit, Scrum-Artefakte zu überprüfen und anzupassen. Diese Events sind speziell darauf ausgelegt, die erforderliche Transparenz zu ermöglichen. Wenn ein Event nicht wie vorgeschrieben durchgeführt wird, verpasst man die Gelegenheit, zu überprüfen und anzupassen. Events werden in Scrum verwendet, um Regelmäßigkeit zu schaffen und die Notwendigkeit von Meetings, die in Scrum nicht definiert sind, zu minimieren. Optimalerweise werden alle Events zur selben Zeit und am selben Ort abgehalten, um die Komplexität zu reduzieren.

Version 2017

In Scrum werden vorgeschriebene Ereignisse verwendet, um eine Regelmäßigkeit herzustellen und die Notwendigkeit anderer, nicht in Scrum definierter, Besprechungen zu minimieren. Alle Ereignisse sind befristet [time boxed], so dass jedes Ereignis eine maximale Dauer hat. Die Dauer eines Sprints steht zu seinem Beginn fest und darf weder gekürzt noch verlängert werden. Die anderen Ereignisse dürfen beendet werden, sobald sie ihren Zweck erfüllt haben. Dies stellt sicher, dass nur so viel Zeit wie nötig aufgewendet und Verschwendung vermieden wird.

Mit Ausnahme des Sprints als Container für alle anderen Ereignisse ist jedes Scrum-Ereignis eine formale Gelegenheit zur Überprüfung und Anpassung. Diese Ereignisse sind genau dazu gedacht, an den kritischen Stellen Transparenz und Überprüfung zu ermöglichen. Das Weglassen irgendeines dieser Ereignisse führt zu verringerter Transparenz und ist eine verpasste Gelegenheit den gegenwärtigen Stand zu erfassen [Inspect] und darauf zu reagieren [Adapt].

Kommentar

Eigentlich findet sich hier nicht viel Neues. Ein Aspekt, der bislang nicht so hervorgehoben wurde, ist, dass die formellen Events in Scrum auch dazu dienen sollen, die Notwendigkeit von nicht in Scrum definierten Meetings zu reduzieren.

Der Sprint

Version 2020

Sprints sind der Herzschlag von Scrum, wo Ideen in Wert umgewandelt werden.

Es sind Events mit fester Länge von einem Monat oder weniger, um Konsistenz zu schaffen. Ein neuer Sprint beginnt unmittelbar nach dem Abschluss des vorherigen Sprints.

Alle Arbeiten, die notwendig sind, um das Produkt-Ziel zu erreichen, einschließlich Sprint Planning, Daily Scrums, Sprint Review und Sprint Retrospective, finden innerhalb der Sprints statt.

Während des Sprints

- werden keine Änderungen vorgenommen, die das Sprint-Ziel gefährden würden;
- nimmt die Qualität nicht ab;
- wird das Product Backlog nach Bedarf verfeinert; und

- kann der Scope (Inhalt und Umfang) geklärt und mit dem:der Product Owner:in neu vereinbart werden, sobald mehr Erkenntnisse vorliegen.

Sprints ermöglichen Vorhersagbarkeit, indem sie mindestens jeden Kalendermonat eine Überprüfung und Anpassung der Fortschritte in Richtung eines Produkt-Ziels gewährleisten. Wenn der Horizont eines Sprints zu lang ist, kann das Sprint-Ziel hinfällig werden, die Komplexität kann steigen und das Risiko kann zunehmen. Kürzere Sprints können eingesetzt werden, um mehr Lernzyklen zu generieren und das Risiko von Kosten und Aufwand auf einen kleineren Zeitrahmen zu begrenzen. Jeder Sprint kann als ein kurzes Projekt betrachtet werden.

Es gibt verschiedene Vorgehensweisen, um den Fortschritt vorherzusagen, wie Burn-Down-Charts, Burn-Up-Charts oder Cumulative-Flow-Diagramme. Diese haben sich zwar als nützlich erwiesen, ersetzen jedoch nicht die Bedeutung der Empirie. In komplexen Umgebungen ist unbekannt, was passieren wird. Nur was bereits geschehen ist, kann für eine vorausschauende Entscheidungsfindung genutzt werden.

Ein Sprint könnte abgebrochen werden, wenn das Sprint-Ziel obsolet wird. Nur der:die Product Owner:in hat die Befugnis, den Sprint abzubrechen.

Version 2017

Das Herz von Scrum ist der Sprint, ein Zeitraum [Time Box] von maximal einem Monat, innerhalb dessen ein fertiges ["Done"], nutzbares und potenziell auslieferbares Produktinkrement hergestellt wird. Alle Sprints innerhalb eines Entwicklungsvorhabens sollten die gleiche Dauer haben. Der neue Sprint startet sofort nach Abschluss des vorherigen Sprints.

Ein Sprint beinhaltet und umfasst das Sprint Planning, die Daily Scrums, die Entwicklungsarbeit, das Sprint Review und die Sprint Retrospektive.

Während des Sprints:

- werden keine Änderungen vorgenommen, die das Sprint-Ziel gefährden,
- wird der Qualitätsanspruch nicht geschmälert, und
- kann der Anforderungsumfang zwischen Product Owner und Entwicklungsteam geklärt und neu ausgehandelt werden, wenn sich neue Erkenntnisse ergeben haben.

Jeder Sprint kann als ein Projekt mit einem Zeithorizont von maximal einem Monat gesehen werden. Wie mit einem Projekt will man mit einem Sprint etwas Bestimmtes erreichen. Jeder

Sprint hat ein Ziel, was gebaut werden soll, einen Entwurf und einen flexiblen Plan, der die Umsetzung, die Arbeit und das resultierende Produktinkrement in die richtige Richtung lenkt.

Sprints sind auf einen Kalendermonat beschränkt. Wenn der Zeithorizont eines Sprints zu groß gewählt wird, kann sich die Definition des Ergebnisses ändern, die Komplexität ansteigen und das Risiko erhöhen. Sprints ermöglichen Vorhersagbarkeit, indem sie mindestens einmal im Monat Überprüfung und Anpassungen des Fortschritts zu einem bestimmten Sprint-Ziel sicherstellen. Sprints reduzieren dazu noch das Risiko auf die Kosten eines Monats.

Einen Sprint abbrechen

Ein Sprint kann vorzeitig, d.h. vor dem Ablauf seiner Time Box, abgebrochen werden. Dazu ist nur der Product Owner berechtigt, auch wenn er oder sie den Abbruch auf Anraten der Stakeholder, des Entwicklungsteams oder des Scrum Masters vornimmt.

Ein Sprint würde dann abgebrochen werden, wenn das Sprint-Ziel obsolet wird. Das kann vorkommen, wenn das Unternehmen seine Zielrichtung wechselt, oder sich andere Markt- oder technologische Rahmenbedingungen ändern. In der Regel sollte ein Sprint dann abgebrochen werden, wenn die Fortführung unter den gegenwärtigen Umständen keinen Sinn mehr macht. Allerdings ist ein Abbruch bei der kurzen Dauer der Sprints selten sinnvoll.

Wenn ein Sprint abgebrochen wird, werden alle abgeschlossenen und "Done" Product-Backlog-Einträge begutachtet. Wenn ein Teil der Arbeit potenziell auslieferbar ist, wird sie vom Product Owner meistens abgenommen. Alle unvollständigen Product-Backlog-Einträge werden neu geschätzt und wieder in das Product Backlog aufgenommen. Die bislang daran geleistete Arbeit verliert schnell an Wert, daher müssen diese Einträge häufiger neu geschätzt werden.

Sprint-Abbrüche verbrauchen Ressourcen, da sich alle Teammitglieder zum Starten eines neuen Sprints in einem Sprint Planning umorganisieren. Sprint-Abbrüche sind zudem oft schmerzhaft für das Scrum-Team; sie sind eher unüblich.

Kommentar

Der Scrum-Guide 2020 bringt in Hinblick auf den Sprint einige Klärungen, welche es genauer anzuschauen gilt:

Zunächst wird festgehalten, dass der Scope des Sprints, also sein Inhalt und Umfang, geklärt wird und mit dem:der Product Owner:in neu vereinbart werden kann, wenn neue Erkenntnisse vorliegen. Die nach der Lektüre der Version 2017 bei manchen Teams verbreitete Idee, dass der Scope des Sprints nach der Sprint-Planung nicht mehr verändert werden dürfte, wird hier klar in einen Kontext von Dialog und gegenseitiger Vereinbarung gestellt.

Zudem wird zusätzlich zum bisher sehr stark in den Vordergrund gestellten Burn-Down-Chart als Alternative auch Burn-Up-Chart und Cumulative-Flow-Diagram (was besonders im Kontext von Kanban resp. Kanban in Kombination mit Scrum eingesetzt wird) genannt. Es findet sich damit ein weiterer Anhaltspunkt für die Wichtigkeit und Bedeutung der Kombination von Scrum mit anderen Frameworks und Ansätzen. Dies manifestiert sich auch in der zunehmenden Anzahl von Zertifizierungen des Scrum-Guide, welche die Interaktion mit anderen Frameworks im Fokus haben. Daneben wird die Anwendung der Empirie, also von Transparenz, Überprüfung und Anpassung, als wichtiges Werkzeug dargestellt.

Sprint Planning

Version 2020

Das Sprint Planning initiiert den Sprint, indem es die für den Sprint auszuführenden Arbeiten darlegt. Dieser resultierende Plan wird durch die gemeinschaftliche Arbeit des gesamten Scrum Teams erstellt.

Der:die Product Owner:in stellt sicher, dass die Teilnehmenden vorbereitet sind, die wichtigsten Product-Backlog-Einträge zu besprechen, und wie sie dem Produkt-Ziel zuzuordnen sind. Das Scrum Team kann zu Beratungszwecken auch andere Personen zur Teilnahme am Sprint Planning einladen.

Das Sprint Planning behandelt die folgenden Themen:

Thema Eins: Warum ist dieser Sprint wertvoll?

Der:die Product Owner:in schlägt vor, wie das Produkt im aktuellen Sprint seinen Wert und Nutzen steigern könnte.

Das gesamte Scrum Team arbeitet dann zusammen, um ein Sprint-Ziel zu definieren, das verdeutlicht, warum der Sprint für die Stakeholder:innen wertvoll ist. Das Sprint-Ziel muss vor dem Ende des Sprint Plannings finalisiert sein.

<u>Thema Zwei: Was kann in diesem Sprint abgeschlossen (Done) werden?</u>

Im Gespräch mit dem:der Product Owner:in wählen die Developer:innen Einträge aus dem Product Backlog aus, die in den aktuellen Sprint aufgenommen werden sollen. Das Scrum Team kann diese Einträge während dieses Prozesses verfeinern, was Verständnis und Vertrauen erhöht.

Die Auswahl, wie viel innerhalb eines Sprints abgeschlossen werden kann, kann eine Herausforderung darstellen. Je mehr die Developer:innen jedoch über ihre bisherige Leistung, ihre zukünftige Kapazität und ihre Definition of Done wissen, desto sicherer werden sie in ihren Sprint-Vorhersagen sein.

<u>Thema Drei: Wie wird die ausgewählte Arbeit erledigt?</u>

Für jeden ausgewählten Product-Backlog-Eintrag planen die Developer:innen die notwendige Arbeit, um ein Increment zu erstellen, das der Definition of Done entspricht. Dies geschieht oft durch Zerlegung von Product-Backlog-Einträgen in kleinere Arbeitseinheiten von einem Tag oder weniger. Wie dies geschieht, liegt im alleinigen Ermessen der Developer:innen. Niemand sonst sagt ihnen, wie sie Product-Backlog- Einträge in Increments von Wert umwandeln sollen.

Das Sprint-Ziel, die für den Sprint ausgewählten Product-Backlog-Einträge und der Plan für deren Lieferung werden zusammenfassend als Sprint Backlog bezeichnet.

Das Sprint Planning ist zeitlich beschränkt auf maximal acht Stunden für einen einmonatigen Sprint. Bei kürzeren Sprints ist das Event in der Regel kürzer.

Version 2017

Im Sprint Planning wird die Arbeit für den kommenden Sprint geplant. Dieser Plan entsteht durch die gemeinschaftliche Arbeit des gesamten Scrum-Teams.

Das Sprint Planning ist für einen einmonatigen Sprint auf maximal 8 Stunden befristet [Time Box]. Bei kürzeren Sprints wendet man normalerweise weniger Zeit auf. Der Scrum Master sorgt dafür, dass das Ereignis stattfindet und die Teilnehmer dessen Zweck verstehen. Er bringt dem Scrum-Team bei, das Ereignis innerhalb der Frist erfolgreich abzuschließen.

Das Sprint Planning beantwortet die folgenden Fragen:

- Was ist in dem Produktinkrement des kommenden Sprints enthalten?
- Wie wird die für die Lieferung des Produktinkrements erforderliche Arbeit erledigt?

Punkt 1: Was kann in diesem Sprint fertiggestellt werden?

Das Entwicklungsteam erstellt eine Prognose über die Funktionalität, die im Sprint entwickelt werden soll. Der Product Owner beschreibt das Ziel, das mit dem Sprint erreicht werden soll, und die Product-Backlog-Einträge, welche - wenn sie in dem Sprint abgeschlossen werden - das Ziel erfüllen. Das ganze Scrum-Team erarbeitet gemeinsam ein Verständnis über die Arbeitsinhalte des Sprints.

Als Eingangsgrößen für das Meeting dienen das Product Backlog, das neueste

Produktinkrement, die veranschlagte Kapazität des Entwicklungsteams im Sprint sowie die bisherige Leistung desselben. Ausschließlich das Entwicklungsteam bestimmt die Anzahl der ausgewählten Product-Backlog-Einträge für den kommenden Sprint. Nur es selbst kann beurteilen, was im kommenden Sprint machbar ist.

Während des Sprint Plannings erarbeitet das Scrum-Team gemeinsam ein Sprint-Ziel. Das SprintZiel bildet die Messlatte, die durch die Implementierung der Product-Backlog-Einträge im Sprint erreicht wird; es leitet das Entwicklungsteam in der Frage, warum es dieses Produktinkrement erstellt.

Punkt 2: Wie wird die ausgewählte Arbeit erledigt?

Nach der Vereinbarung des Sprint-Ziels und der Auswahl der Product-Backlog-Einträge für den Sprint entscheidet das Entwicklungsteam, wie es das Produktinkrement erstellen möchte, damit die Funktionalität in einen "Done"-Zustand gebracht werden kann. Als Sprint Backlog bezeichnet man die Auswahl der Product-Backlog-Einträge für den jeweiligen Sprint plus den Umsetzungsplan des Entwicklungsteams.

Das Entwicklungsteam beginnt normalerweise mit dem Entwurf des Systems und den

Tätigkeiten, die notwendig sind, um ein funktionsfähiges Produktinkrement zu erstellen. Die Arbeiten können sich in der Größe oder dem geschätzten Aufwand unterscheiden. Auf jeden Fall sollte das Entwicklungsteam genug Arbeit planen, um zu prognostizieren, was es im kommenden Sprint schaffen zu können glaubt. Die für die ersten Sprint-Tage geplanten Arbeiten sind nach Abschluss des Meetings in kleinere Einheiten - oft von einem Tag oder weniger - zerlegt. Das Entwicklungsteam organisiert selbst, wie es die Arbeiten im Sprint Backlog angeht, sowohl im Sprint Planning als auch im Sprint selbst.

Der Product Owner kann dabei helfen, die ausgewählten Product-Backlog-Einträge zu klären und ggf. Kompromisse einzugehen. Wenn das Entwicklungsteam herausfindet, dass es sich zu viel oder zu wenig Arbeit vorgenommen hat, kann es die ausgewählten Product-Backlog-Einträge neu mit dem Product Owner aushandeln. Das Entwicklungsteam kann auch andere Teilnehmer zu dem Meeting einladen, um technische oder fachliche Unterstützung zu erhalten.

Am Ende des Sprint Plannings sollte das Entwicklungsteam in der Lage sein, Product Owner und

Scrum Master zu schildern, wie es als selbstorganisiertes Team an der Erreichung des SprintZiels und der Erstellung des gewünschten Produktinkrements arbeiten möchte.

Sprint-Ziel

Das Sprint-Ziel ist ein übergeordneter Zweck für den Sprint, der durch die Implementierung der Product-Backlog-Einträge erreicht werden kann. Es gibt dem Entwicklungsteam Orientierung, warum sie dieses Produktinkrement bauen. Das Sprint-Ziel wird während des Sprint Planning erarbeitet. Das Sprint-Ziel bietet dem Entwicklungsteam eine gewisse Flexibilität in Bezug auf die im Sprint zu implementierende Funktionalität. Die ausgewählten Product-Backlog-Einträge bilden eine zusammenhängende Funktionalität, die als Sprint-Ziel angesehen werden kann. Das Sprint-Ziel kann aber auch jedes andere verbindende Element sein, welches das Entwicklungsteam - statt in verschiedene Richtungen zu laufen - zur Zusammenarbeit motiviert.

Bei seiner Arbeit behält das Entwicklungsteam sein Sprint-Ziel vor Augen. Um dieses zu erreichen, implementiert es die entsprechende Funktionalität und Technologie. Falls es sich zeigt, dass der Arbeitsumfang von den ursprünglichen Erwartungen abweicht, handelt das

Entwicklungsteam gemeinsam mit dem Product Owner eine Änderung des Sprint-BacklogUmfangs für den laufenden Sprint aus.

Kommentar

Das Sprint-Planungs-Meeting hat sich zwar inhaltlich nicht sehr verändert, wurde aber ganz neu strukturiert. Sprach man bislang zuweilen auch von Sprint-Planning I und II, um darzustellen, dass im ersten Teil die Frage, was zu tun sei, und im zweiten Teil die Frage, wie dies umzusetzen sei, bearbeitet wird, so schreibt der Scrum-Guide 2020 nun von drei Themen, welche es zu behandeln gilt:

1. Warum ist dieser Sprint wertvoll? ⇒ Die Frage nach dem Sprint-Ziel.
2. Was kann in diesem Sprint abgeschlossen (Done) werden? ⇒ Die Frage nach den umzusetzenden Product-Backlog-Items.
3. Wie wird die ausgewählte Arbeit erledigt? ⇒ Die Frage nach den Arbeitseinheiten (Tasks, Arbeitspakete).

Damit wird der Inhalt des Planungs-Meetings nicht fundamental verändert; es wird aber die Bedeutung des Sprint-Ziels zusätzlich hervorgehoben, die erfahrungsgemäß von vielen Scrum-Teams bislang nicht wirklich verstanden wurde. Wenn ich Kunden nach dem Sprint- Ziel frage, erhalte ich meist Antworten wie "alle PBIs umsetzen" oder Aussagen wie "ein Increment erstellen". Beides sind zwar durchaus wichtige Themen, entsprechen aber nicht dem, was Scrum unter einem Sprint-Ziel (Sprint Goal) versteht. Dabei geht es um eine Aussage, welche besagen soll, "warum der Sprint für die Stakeholder:innen wertvoll ist." Es geht also um eine konkrete Aussage, welche die Begründung liefert, im kommenden Sprint Zeit und Geld für geplante Arbeiten zu investieren. Diese Information dient einerseits der Kommunikation mit den Stakeholder:innen, daneben aber natürlich auch als zusätzliches Alignment im Team.

Im zweiten Thema wird dann ausgewählt, welche Product-Backlog-Einträge zur Realisierung des Sprint-Ziels umgesetzt werden müssen. Dabei ist auf eine realistische Planung zu achten. Diese wird vereinfacht, wenn das Team seine eigene Kapazität (Velocity) kennt.

Im dritten Thema wird schließlich festgelegt, welche Arbeitseinheiten (Tasks, Arbeitspakete) für die Realisierung der einzelnen Einträge umzusetzen sind.

Die Timebox für das Meeting ist auf acht Stunden bei einem monatlichen Sprint beschränkt, bei kürzeren Sprints findet das Event in der Regel kürzer statt. Die Timeboxen, auch für die anderen Events, sind gleich geblieben, wobei die Formulierung immer die Maximaldauer nennt und festhält, dass bei kürzerer Sprintdauer in der Regel auch eine kürzere Event-Dauer anzuwenden ist.

Daily Scrum

Version 2020

Der Zweck des Daily Scrums besteht darin, den Fortschritt in Richtung des Sprint-Ziels zu überprüfen und das Sprint Backlog bei Bedarf anzupassen, um die bevorstehende geplante Arbeit zu justieren.

Das Daily Scrum ist ein 15-minütiges Event für die Developer:innen des Scrum Teams. Um die Komplexität zu reduzieren, wird es an jedem Arbeitstag des Sprints zur gleichen Zeit und am gleichen Ort abgehalten. Falls der:die Product Owner:in oder der:die Scrum Master:in aktiv an Einträgen des Sprint Backlogs arbeitet, nimmt er:sie als Developer:in teil.

Die Developer:innen können Struktur und Techniken beliebig wählen, solange ihr Daily Scrum sich auf den Fortschritt in Richtung des Sprint-Ziels fokussiert und einen umsetzbaren Plan für den nächsten Arbeitstag erstellt. Das schafft Fokus und fördert Selbstmanagement.

Daily Scrums verbessern die Kommunikation, identifizieren Hindernisse, fördern die schnelle

Entscheidungsfindung und eliminieren konsequent die Notwendigkeit für andere Meetings.

Das Daily Scrum ist nicht die einzige Gelegenheit, bei der die Developer:innen ihren Plan anpassen dürfen. Sie treffen sich oftmals während des Tages für detailliertere Diskussionen zur Anpassung oder Neuplanung der restlichen Arbeit des Sprints.

Version 2017

Das Daily Scrum ist eine Time Box von 15 Minuten für das Entwicklungsteam. Das Daily Scrum findet an jedem Tag des Sprints statt. Das Entwicklungsteam plant dabei die Arbeit für die nächsten 24 Stunden. Es überprüft die Arbeitsergebnisse seit dem letzten Daily Scrum und prognostiziert die im Sprint bevorstehende Arbeit, um die Zusammenarbeit und Leistung des Teams zu optimieren. Um die Komplexität zu reduzieren, wird das Daily Scrum an jedem Tag zur gleichen Uhrzeit am gleichen Ort abgehalten.

Das Entwicklungsteam überprüft im Daily Scrum seinen Fortschritt in Richtung des Sprint-Ziels und den Trend bei der Abarbeitung der Sprint Backlog-Einträge. Das Daily Scrum erhöht die Wahrscheinlichkeit, dass das

Entwicklungsteam sein Sprint-Ziel erreicht. Das Entwicklungsteam sollte Tag für Tag im Blick haben, wie es als selbstorganisiertes Team zusammenarbeiten möchte, um das Sprint-Ziel zu erreichen und das erwartete Inkrement zum Sprintende zu liefern.

Die Struktur des Ereignisses wird vom Entwicklungsteam festgelegt und kann auf unterschiedliche Weise durchgeführt werden, sofern die Erreichung des Sprint-Ziels im Fokus steht. Einige Entwicklungsteams verwenden Fragen, andere konzentrieren sich eher auf Diskussionen. Hier ist ein Beispiel, was verwendet werden könnte:

- Was habe ich gestern getan, das dem Entwicklungsteam geholfen hat, das Sprint-Ziel zu erreichen?
- Was werde ich heute erledigen, um dem Entwicklungsteam beim Erreichen des Sprint-Ziels zu helfen?
- Sehe ich irgendein Hindernis, das mich oder das Entwicklungsteam daran hindert, das Sprint-Ziel zu erreichen?

Das Entwicklungsteam oder einzelne Mitglieder treffen sich häufig direkt nach dem Daily Scrum für detailliertere

Diskussionen, Anpassungen oder Umplanungen der Arbeit im Sprint.

Während der Scrum Master dafür sorgt, dass ein Daily Scrum stattfindet, ist das Entwicklungsteam für die Durchführung zuständig. Hierzu bringt der Scrum Master dem Entwicklungsteam bei, wie es die 15-minütige Time Box des Daily Scrums einhalten kann.

Das Daily Scrum ist ein internes Ereignis für das Entwicklungsteam. Falls andere Personen anwesend sind, stellt der Scrum Master sicher, dass sie das Meeting nicht stören.

Daily Scrums verbessern die Kommunikation, machen andere Meetings überflüssig, identifizieren zu beseitigende Hindernisse, fokussieren und fördern die schnelle

Entscheidungsfindung und erhöhen den Wissensstand des Entwicklungsteams. Das Daily Scrum ist ein entscheidendes Meeting zur Überprüfung und Anpassung.

Kommentar

Das Daily-Scrum wurde ebenfalls in manchen Themen klarer dargestellt. Zunächst die Frage der Teilnahme anderer Rollen als der Developer:innen. Hier wird klar festgehalten, dass, falls Product Owner:in und /oder Scrum-Master:in aktiv an Einträgen des Produkt-Backlogs mitarbeiten, sie auch als Developer:innen am Meeting teilnehmen. Damit wird nochmals ganz klar definiert, dass der Scrum-Master dieses Meeting nicht moderiert. Vielmehr können die Developer:innen das Meeting in Bezug auf Struktur und Techniken so gestalten, dass es den damit verbundenen Zielen entspricht. Damit sind die "Drei Fragen" selbstverständlich nach wie vor möglich; sie sind aber nur als eine Möglichkeit zu betrachten – welche sich aber durchaus bewährt hat. Sie werden aber nicht mehr speziell erwähnt.

Eine wichtige Ergänzung bietet der letzte Abschnitt, der besagt, dass der Plan nicht nur im Daily-Scrum angepasst werden darf und dass sich die Developer:innen auch oftmals während des Tages für detailliertere Diskussionen zur Anpassung oder Neuplanung der restlichen Arbeiten treffen.

Sprint Review

Version 2020

Zweck des Sprint Reviews ist es, das Ergebnis des Sprints zu überprüfen und künftige Anpassungen festzulegen. Das Scrum Team stellt die Ergebnisse seiner Arbeit den wichtigsten Stakeholder:innen vor, und die Fortschritte in Richtung des Produkt-Ziels werden diskutiert.

Während des Events überprüfen das Scrum Team und die Stakeholder:innen, was im Sprint erreicht wurde und was sich in ihrem Umfeld verändert hat. Auf der Grundlage dieser Informationen arbeiten die Teilnehmenden gemeinsam daran, was als Nächstes zu tun ist. Auch kann das Product Backlog angepasst werden, um neue Möglichkeiten wahrzunehmen. Das Sprint Review ist ein Arbeitstermin, und das Scrum Team sollte vermeiden, es auf eine Präsentation zu beschränken.

Das Sprint Review ist das vorletzte Event des Sprints und ist für einen einmonatigen Sprint auf maximal vier Stunden zeitlich beschränkt. Bei kürzeren Sprints ist das Event in der Regel kürzer.

Version 2017

Am Ende eines Sprints wird ein Sprint Review abgehalten, um das Produktinkrement zu überprüfen und das Product Backlog bei Bedarf anzupassen. Während des Sprint Reviews beschäftigen sich das Scrum-Team und die Stakeholder gemeinsam mit den Ergebnissen des Sprints. Zusammen mit eventuellen Änderungen am Product Backlog während des Sprints bieten diese die Basis für die gemeinsame Arbeit an möglichen neuen, den Wert des Produkts steigernden Punkten. Beim Sprint Review handelt es sich um ein informelles Meeting, keinen Statusreport. Die Vorführung des Inkrements ist als Anregung für Feedback und die Basis für die Zusammenarbeit gedacht.

Für einen einmonatigen Sprint wird für dieses Meeting eine Obergrenze [Time Box] von vier Stunden angesetzt. Für kürzere Sprints wird in der Regel ein kürzerer Zeitrahmen veranschlagt. Der Scrum Master kümmert sich um die Organisation des Meetings und die Vorbereitung der Teilnehmer. Er zeigt allen Beteiligten, wie sie das Meeting innerhalb der Frist halten können.

Das Sprint Review beinhaltet die folgenden Elemente:

- Die Teilnehmer, bestehend aus dem Scrum-Team und wichtigen Stakeholdern, die vom Product Owner eingeladen werden.
- Der Product Owner erklärt, welche Product-Backlog-Einträge fertig ["Done"] sind, und welche nicht.
- Das Entwicklungsteam stellt dar, was während des Sprints gut lief, welche Probleme aufgetaucht sind, und wie es diese Probleme gelöst hat.
- Das Entwicklungsteam führt die fertige Arbeit vor, und beantwortet Fragen zu dem Inkrement.
- Der Product Owner stellt den aktuellen Stand des Product Backlogs dar. Er gibt bei Bedarf eine aktualisierte Vorhersage von wahrscheinlichen Ziel- und Lieferterminen auf der Basis des Entwicklungsfortschritts.
- Alle Teilnehmer erarbeiten gemeinsam, was als nächstes zu tun ist, so dass das Sprint Review wertvollen Input für die kommenden Sprint Plannings liefert.
- Es erfolgt eine Begutachtung, ob sich durch die Marktsituation oder den möglichen Produkteinsatz neue Erkenntnisse über die wertvollsten nächsten Schritte ergeben haben.
- Anschließend werden Zeitplan, Budget, die potentiellen Eigenschaften sowie die

Markterwartungen für das nächste zu erwartende Produkt-Release überprüft.

Das Ergebnis des Sprint Reviews ist ein überarbeitetes Product Backlog, das die möglichen Product-Backlog-Einträge für den kommenden Sprint enthält. Das Product Backlog kann auch umfassend umgearbeitet werden, um neue Chancen zu nutzen.

Kommentar

Zusätzliches Gewicht in Bezug auf die Ziele des Sprint-Reviews gewinnt der Aspekt, festzulegen, welche künftigen Anpassungen gesetzt werden, was in einer offenen Diskussion der Teilnehmenden gemeinsam besprochen werden soll. Hier wird die Zusammenarbeit und der Einbezug der verschiedenen Beteiligten (inkl. der Stakeholder:innen) weiter in den Fokus gerückt. Dies kann auch dazu führen, dass der Product-Backlog angepasst wird, um "neue Möglichkeiten wahrzunehmen".

Sprint Retrospektive

Version 2020

Der Zweck der Sprint Retrospective ist es, Wege zur Steigerung von Qualität und Effektivität zu planen.

Das Scrum Team überprüft, wie der letzte Sprint in Bezug auf Individuen, Interaktionen, Prozesse, Werkzeuge und seine Definition of Done verlief. Die überprüften Elemente variieren oft je nach Arbeitsdomäne. Annahmen, die das Team in die Irre geführt haben, werden identifiziert und ihre Ursprünge erforscht. Das Scrum Team bespricht, was während des Sprints gut gelaufen ist, auf welche Probleme es gestoßen ist und wie diese Probleme gelöst wurden (oder auch nicht).

Das Scrum Team identifiziert die hilfreichsten Änderungen, um seine Effektivität zu verbessern. Die wirkungsvollsten Verbesserungen werden so schnell wie möglich in Angriff genommen. Sie können sogar in das Sprint Backlog für den nächsten Sprint aufgenommen werden.

Die Sprint Retrospective schließt den Sprint ab. Sie ist für einen einmonatigen Sprint auf maximal drei Stunden beschränkt. Bei kürzeren Sprints ist das Event in der Regel kürzer.

Version 2017

Die Sprint Retrospektive bietet dem Scrum-Team die Gelegenheit, sich selbst zu überprüfen und einen Verbesserungsplan für den kommenden Sprint zu erstellen.

Sie findet zwischen dem Sprint Review und dem nächsten Sprint Planning statt. Für einen einmonatigen Sprint wird hierfür eine Obergrenze von drei Stunden angesetzt. Bei kürzeren Sprints ist das Meeting in der Regel kürzer. Der Scrum Master sorgt dafür, dass das Meeting stattfindet und alle Teilnehmer dessen Zweck verstehen.

Der Scrum Master sorgt dafür, dass das Meeting konstruktiv und produktiv ist. Der Scrum Master lehrt alle, die Time Box einzuhalten. Aufgrund seiner Verantwortung für den ScrumProzess nimmt der Scrum Master als gleichberechtigtes Mitglied an der Sprint Retrospektive teil.

Die Sprint Retrospektive wird durchgeführt, um

- zu überprüfen wie der vergangene Sprint in Bezug auf die beteiligten Personen, Beziehungen, Prozesse und Werkzeuge verlief;
- die wichtigsten gut gelaufenen Elemente und mögliche Verbesserungen zu identifizieren und in eine Reihenfolge zu bringen; und
- einen Plan für die Umsetzung von Verbesserungen der Arbeitsweise des Scrum-Teams zu erstellen.

Der Scrum Master bestärkt das Scrum-Team darin, seine Entwicklungsprozesse und -praktiken innerhalb des Scrum Prozessrahmenwerks zu verbessern, um im kommenden Sprint effektiver und befriedigender arbeiten zu können. In jeder Sprint Retrospektive erarbeitet das ScrumTeam Wege zur Verbesserung der Produktqualität durch die entsprechende Anpassung der Prozesse oder der Definition of Done, sofern diese Änderungen angemessen sind und nicht im Widerspruch mit Produkt- oder Unternehmensstandards stehen.

Zum Ende der Sprint Retrospektive sollte das Scrum-Team Verbesserungen für den kommenden Sprint identifiziert haben. Die Umsetzung dieser Verbesserungen im nächsten Sprint ist die Anpassungsleistung zur

Selbstüberprüfung des Scrum-Teams. Auch wenn jederzeit Verbesserungen eingeführt werden können, bietet die Sprint Retrospektive eine formelle Gelegenheit, sich auf die Überprüfung und Anpassung zu fokussieren.

Kommentar

In der Sprint-Retrospektive geht es um die Steigerung von Qualität und Effektivität. Dabei identifiziert das Team die hilfreichsten Änderungen zu einer Verbesserung. Sie können auch in den Sprint-Backlog für den nächsten Sprint übernommen werden. Damit wird der Idee einer einzigen Quelle/Übersicht der Arbeiten des Teams zusätzlich Gewicht verliehen. Aus der Praxis lässt sich sagen, dass diese Anforderung durch den Einsatz einer Kombination von Scrum und Kanban optimal in Bezug auf Transparenz und Planung unterstützt wird.

Scrum Artefakte

Version 2020

Die Artefakte von Scrum repräsentieren Arbeit oder Wert. Sie sind dafür ausgelegt, die Transparenz von Schlüsselinformationen zu maximieren. So haben alle, die sie überprüfen, die gleiche Grundlage für Anpassungen.

Jedes Artefakt beinhaltet ein Commitment, um sicherzustellen, dass Informationen bereitgestellt werden, welche Transparenz und Fokus verbessern, um den Fortschritt messbar zu machen:

- *Für das Product Backlog ist es das Produkt-Ziel.*
- *Für das Sprint Backlog ist es das Sprint-Ziel.*
- *Für das Increment ist es die Definition of Done.*

Diese Commitments dienen dazu, Empirie und die Scrum-Werte für das Scrum Team und seine Stakeholder:innen zu verstärken.

Version 2017

Die Artefakte von Scrum repräsentieren Arbeit oder Wert, um Transparenz sowie Möglichkeiten zur Überprüfung und Anpassung zu schaffen. Die in Scrum definierten Artefakte wurden speziell so entworfen, dass sie die Transparenz der wesentlichen Informationen maximieren, um für alle ein gleiches Verständnis über das Artefakt zu schaffen.

Kommentar

Im Scrum-Guide 2020 wird den Artefakten die Aufgabe zugewiesen, Arbeit und Wert zu repräsentieren und die Transparenz und den Fokus zu diesen Schlüsselfaktoren zu unterstützen. Dazu wird jedem Artefakt ein Commitment zugeordnet:

- Das Produktziel dem Product-Backlog
- Das Sprintziel dem Sprint-Backlog
- Die Definition of Done dem Increment.

Diese Commitments sollen Empirie und Scrum-Werte für die Beteiligten (Scrum-Team und Stakeholder:innen) verstärken.

Product Backlog

Version 2020

Das Product Backlog ist eine emergente, geordnete Liste der Dinge, die zur Produktverbesserung benötigt werden. Es ist die einzige Quelle von Arbeit, die durch das Scrum Team erledigt wird.

Product-Backlog-Einträge, die durch das Scrum Team innerhalb eines Sprints abgeschlossen (Done) werden können, gelten als bereit für die Auswahl in einem Sprint-Planning-Event. Diesen Transparenzgrad erlangen sie in der Regel durch Refinement-Aktivitäten. Das Refinement des Product Backlogs ist der Vorgang, durch den Product-Backlog-Einträge in kleinere, präzisere Elemente zerlegt und weiter definiert werden. Dies ist eine kontinuierliche Aktivität, wodurch weitere Details wie Beschreibung, Reihenfolge und Größe ergänzt werden. Die Attribute variieren oft je nach Arbeitsumfeld.

Die Developer:innen, die die Arbeit erledigen werden, sind für die Größenbestimmung umsetzungsverantwortlich. Der:die Product Owner:in kann die Developer:innen beeinflussen, indem er:sie dabei unterstützt, die Product-Backlog-Einträge zu verstehen und Kompromisse einzugehen.

Commitment: Produkt-Ziel

Das Produkt-Ziel beschreibt einen zukünftigen Zustand des Produkts, welches dem Scrum Team als Planungsziel dienen kann. Das Produkt-Ziel befindet sich im Product Backlog. Der Rest des Product Backlogs entsteht, um zu definieren, „was" das Produkt-Ziel erfüllt.

> *Ein Produkt ist ein Instrument, um Wert zu liefern. Es hat klare Grenzen, bekannte Stakeholder:innen, eindeutig definierte Benutzer:innen oder Kund:innen. Ein Produkt kann eine Dienstleistung, ein physisches Produkt oder etwas Abstrakteres sein.*

Das Produkt-Ziel ist das langfristige Ziel für das Scrum Team. Das Scrum Team muss eine Zielvorgabe erfüllen (oder aufgeben), bevor es die nächste angeht.

Version 2017

Das Product Backlog ist eine geordnete Liste von allem, von dem bekannt ist, dass es im Produkt enthalten sein soll. Es dient als einzige Anforderungsquelle für alle Änderungen am Produkt. Der Product Owner ist für das Product Backlog, seine Inhalte, den Zugriff darauf und die Reihenfolge der Einträge verantwortlich.

Ein Product Backlog ist niemals vollständig. Während seiner ersten Entwicklungsschritte zeigt es die anfangs bekannten und am besten verstandenen Anforderungen auf. Das Product Backlog entwickelt sich mit dem Produkt und dessen Einsatz weiter. Es ist dynamisch; es passt sich konstant an, um für das Produkt klar herauszustellen, was es braucht, um seiner Aufgabe angemessen zu sein, im Wettbewerb zu bestehen und den erforderlichen Nutzen zu bieten. Sofern ein Produkt existiert, gibt es auch das dazugehörige Product Backlog.

Im Product Backlog werden alle Features, Funktionalitäten, Verbesserungen und

Fehlerbehebungen aufgelistet, die die Änderungen an dem Produkt in zukünftigen Releases ausmachen. Ein Product-Backlog-Eintrag enthält als Attribute eine Beschreibung, die

Reihenfolge, die Schätzung und den Wert. Product-Backlog-Einträge enthalten oft Testbeschreibungen, die ihre Vollständigkeit nachweisen, wenn sie fertig [„Done"] sind.

Das Product Backlog entwickelt sich mit dem Einsatz eines Produktes, dessen Wertsteigerung sowie durch das Feedback des Marktes zu einer längeren, ausführlicheren Liste. Anforderungen werden nie aufhören, sich zu ändern. Daher ist das Product Backlog ein lebendes Artefakt. Änderungen an den Geschäftsanforderungen, Marktbedingungen oder der Technologie können Änderungen am Product Backlog nach sich ziehen.

Häufig arbeiten mehrere Scrum-Teams gemeinsam an einem Produkt. Dann wird ein einziges Product Backlog benutzt, um die anstehende Arbeit am Produkt zu beschreiben. In diesem Fall kann ein Gruppierungsattribut für die Product-Backlog-Einträge verwendet werden.

Als Verfeinerung [Refinement] des Product Backlogs wird der Vorgang angesehen, in dem

Details zu Einträgen hinzugefügt, Schätzungen erstellt, oder die Reihenfolge der Einträge im

Product Backlog bestimmt werden. Die Verfeinerung ist ein kontinuierlicher Prozess, in dem der Product Owner und das Entwicklungsteam gemeinsam die Product-Backlog-Einträge detaillieren. Bei der Verfeinerung des Product Backlogs werden die Einträge begutachtet und revidiert. Das Scrum-Team bestimmt, wann und wie diese Verfeinerungsarbeit erfolgt. Sie sollte normalerweise nicht mehr als 10% der Kapazität des Entwicklungsteams beanspruchen. Der Product Owner kann jedoch jederzeit die Einträge im Product Backlog aktualisieren oder aktualisieren lassen.

Höher eingeordnete Product-Backlog-Einträge sind generell klarer und weisen mehr Details auf als niedrigere. Präzisere Schätzungen entstehen auf der Basis von größerer Klarheit und

Detailtiefe - je niedriger der Rang, desto weniger Details sind bekannt. Die Product-Backlog-Einträge, mit denen sich das Entwicklungsteam im kommenden Sprint beschäftigen soll, werden so weit verfeinert, dass jeder von ihnen innerhalb des Sprints fertiggestellt werden kann. Die Product-Backlog-Einträge, für die das der Fall ist, werden als bereit ["Ready"] für die Auswahl durch das Entwicklungsteam in einem Sprint Planning angesehen. Ein Product-Backlog-Eintrag entwickelt diesen Transparenzgrad in der Regel durch die oben beschriebenen Verfeinerungs-Aktivitäten.

Das Entwicklungsteam ist für alle Schätzungen verantwortlich. Der Product Owner kann das Entwicklungsteam dahingehend beeinflussen, dass er ihm beim Verständnis der Einträge hilft oder Kompromisse eingeht. Die endgültige Schätzung erfolgt immer von denen, die auch die Arbeit erledigen werden.

Überwachung der Zielerreichung

Die verbleibende Arbeit zur Erreichung eines Ziels kann jederzeit aufsummiert werden. Der

Product Owner vermerkt diese gesamte verbleibende Arbeit mindestens zu jedem Sprint Review. Er vergleicht diesen Betrag mit der verbleibenden Arbeit in früheren Sprint Reviews, um den Fortschritt der Arbeiten im Verhältnis zur restlichen Zeit zu begutachten. Diese Information wird allen Stakeholdern präsentiert.

Zur Fortschrittsprognose werden diverse Planungspraktiken eingesetzt, wie Burndown- oder

Burnupdiagramme. Diese haben sich als nützlich erwiesen, allerdings schmälern sie nicht die Bedeutung des empirischen Vorgehens. In komplexen Umgebungen lassen sich zukünftige Ereignisse nicht vorherbestimmen. Nur was bereits geschehen ist, gibt Anhaltspunkte für die zukunftsgerichtete Entscheidungsfindung.

Kommentar

Der Scrum-Guide 2020 bekräftigt wiederum, dass die Developer:innen für die Schätzung (Größenbestimmung) der zu erledigenden Arbeit umsetzungsverantwortlich sind. Er ergänzt aber, dass der:die Product Owner:in die Developer:innen beeinflussen können, indem sie sie dabei unterstützen, die Product-Backlog-Einträge zu verstehen und Kompromisse einzugehen. Diese Aussage scheint etwas gefährlich und Raum für Missverständnisse zu bieten. Gemeint ist hier zweifellos, dass der:die Product Owner:in und die Developer:innen sich über den Umfang und die Ausprägung von Anforderungen verständigen können, was natürlich dann auch einen Einfluss auf die Schätzung bzw. Größenbestimmung hat. Nicht gemeint ist, dass der Product Owner selbst mit schätzen würde.

Das Commitment des Product-Backlogs ist das Produktziel. Ein Begriff, der bislang nicht zu den üblichen Scrum-Begriffen gezählt hat. Entsprechend wird er in dem Scrum-Guide definiert. Von besonderer Bedeutung scheint dabei auch die Aussage, dass ein Scrum-Team jeweils ein Ziel erfüllen oder aufgeben muss, bevor es das nächste angehen kann (Focus). Es ist also nicht möglich, mehrere parallele Produktziele zu verfolgen, sondern es muss zu jedem Zeitpunkt ein Commitment auf ein spezifisches Produktziel geben und es ist denkbar, dass diese Produktziele quasi als Etappenziele zu verstehen sind. Beispielsweise im Sinne eines Ziels für einen bestimmten

Release, nach dessen Fertigstellung ein neues Produktziel für den nächsten Release definiert werden kann. Wichtig ist dabei, dass dieses Produktziel selbstredend wiederum einem konkreten Kundennutzen entsprechen muss.

Sprint Backlog

Version 2020

Das Sprint Backlog besteht aus dem Sprint-Ziel (Wofür), den für den Sprint ausgewählten Product-Backlog-Einträgen (Was) sowie einem umsetzbaren Plan für die Lieferung des Increments (Wie).

Das Sprint Backlog ist ein Plan von und für die Developer:innen. Es ist ein deutlich sichtbares Echtzeitbild der Arbeit, welche die Developer:innen während des Sprints zur Erreichung des Sprint-Ziels ausführen wollen. Folglich wird das Sprint Backlog während des gesamten Sprints immer dann aktualisiert, wenn mehr gelernt wurde. Es sollte genügend Details beinhalten, damit sie ihren Fortschritt im Daily Scrum überprüfen können.

Commitment: Sprint-Ziel

Das Sprint-Ziel ist die einzige Zielsetzung für den Sprint. Obwohl das Sprint-Ziel ein Commitment der Developer:innen ist, bietet es Flexibilität in Bezug auf die genaue Arbeit, die erforderlich ist, um es zu erreichen. Das Sprint-Ziel schafft auch Kohärenz und Fokus und *ermutigt somit das Scrum Team, zusammen statt in separaten Initiativen zu arbeiten.*

Das Sprint-Ziel wird während des Sprint-Planning-Events erstellt und dann zum Sprint Backlog hinzugefügt. Während die Developer:innen innerhalb des Sprints arbeiten, behalten sie das Sprint-Ziel im Gedächtnis. Wenn sich herausstellt, dass die Arbeit von ihren Erwartungen abweicht, arbeiten sie mit dem:der Product Owner:in zusammen, um den Umfang des Sprint Backlogs innerhalb des Sprints zu verhandeln, ohne das Sprint-Ziel zu beeinflussen.

Version 2017

Das Sprint Backlog ist die Menge der für den Sprint ausgewählten Product-Backlog-Einträge, ergänzt um einen Plan, um das Produktinkrement zu liefern und das Sprint-Ziel zu erreichen. Das Sprint Backlog ist eine Prognose des Entwicklungsteams darüber, welche Funktionalität im nächsten Inkrement enthalten sein wird, sowie über die erforderliche Arbeit, um diese Funktionalität in einem fertigen [„Done"] Inkrement zu liefern.

Das Sprint Backlog macht die gesamte Arbeit sichtbar, die das Entwicklungsteam für notwendig erachtet, um das

Sprint-Ziel zu erreichen. Um kontinuierliche Verbesserungen zu gewährleisten, umfasst es mindestens eine wichtige Prozessverbesserung, die in der vorherigen Retrospektive identifiziert wurde.

Das Sprint Backlog ist ein ausreichend detaillierter Plan, um den Fortschritt innerhalb des Sprints im Daily Scrum erkennen zu können. Das Entwicklungsteam passt das Sprint Backlog während des Sprints an; das Sprint Backlog entwickelt sich so während des Sprints. Diese Entwicklung erfolgt, während das Entwicklungsteam den Plan abarbeitet und mehr über die noch benötigten Schritte zur Erreichung des Sprint-Ziels lernt.

Wenn weitere Arbeiten erforderlich sind, werden sie vom Entwicklungsteam zum Sprint Backlog hinzugefügt. Wenn eine Arbeit durchgeführt wird oder abgeschlossen wurde, wird die Schätzung der verbleibenden Arbeit aktualisiert. Wenn sich Bestandteile des Plans als unnötig erweisen, werden sie entfernt. Nur das Entwicklungsteam kann sein Sprint Backlog während des Sprints ändern. Das Sprint Backlog ist ein hochgradig sichtbares Echtzeit-Abbild der Arbeit, die das Entwicklungsteam plant, während des Sprints zu erreichen. Es gehört einzig und allein dem Entwicklungsteam.

Überwachung des Sprint-Fortschritts

Zu jedem Zeitpunkt im Sprint kann die gesamte verbleibende Arbeit an den Sprint-BacklogEinträgen aufsummiert werden. Das Entwicklungsteam verfolgt diese gesamte Restarbeit mindestens zu jedem Daily Scrum, um die Wahrscheinlichkeit, das Sprint-Ziel zu erreichen, sichtbar zu machen. Durch die Nachverfolgung der verbleibenden Arbeit während des Sprints kann das Entwicklungsteam seinen Fortschritt steuern.

Kommentar

Das Sprint-Backlog umfasst drei zentrale Informationen:

- Das Sprintziel (wofür)
- Die gewählten Product-Backlog-Einträge (was)
- Den umsetzbaren Plan für die Lieferung (wie)

Es ist ein Plan von und für die Developer:innen und wird von ihnen laufend aktualisiert, um eine solide Planungsgrundlage zu besitzen.

Das Commitment für das Sprint-Backlog ist das Sprintziel. Dies ist die einzige Zielsetzung für den Sprint. Dabei ist darauf zu achten, dass das Sprintziel zwar dem Alignment des Teams dient – also sicherstellt, dass alle Beteiligten an der Realisierung desselben Ziels arbeiten – ohne dabei aber einen zu hohen, das Team einschränkenden Detaillierungsgrad zu besitzen.

Der Scrum-Guide beschreibt, dass bei Abweichungen vom Plan im Gespräch mit dem:der Product Owner:in über Anpassungen innerhalb des Sprints verhandelt werden kann, ohne dabei aber das Sprintziel selbst zu beeinflussen. Das Sprintziel beschreibt den Kundennutzen, der durch die Arbeiten, welche im Sprint umgesetzt werden, erzielt werden soll. Dieser kann nicht einfach angepasst werden. Seine Realisierung ist von fundamentaler Bedeutung für den Prozess.

Increment

Version 2020

Ein Increment ist ein konkreter Schritt in Richtung des Produkt-Ziels. Jedes Increment ist additiv zu allen vorherigen Increments und gründlich geprüft, um sicherzustellen, dass sie alle zusammen funktionieren. Um einen Mehrwert zu erzielen, muss das Increment verwendbar sein.

Innerhalb eines Sprints kann mehr als ein Increment erstellt werden. Deren Summe wird im Sprint Review vorgestellt, womit Empirie unterstützt wird. Ein Increment könnte jedoch auch schon vor Ende des Sprints an die Stakeholder:innen geliefert werden. Das Sprint Review sollte niemals als Barriere zur Lieferung von Wert angesehen werden.

Arbeit kann nicht als Teil eines Increments betrachtet werden, solange sie nicht der Definition of Done entspricht.

Commitment: Definition of Done

Die Definition of Done ist eine formale Beschreibung des Zustands des Increments, wenn es die für das Produkt erforderlichen Qualitätsmaßnahmen erfüllt.

In dem Moment, in dem ein Product-Backlog-Eintrag die Definition of Done erfüllt, wird ein Increment geboren.

Die Definition of Done schafft Transparenz, indem sie allen ein gemeinsames Verständnis darüber vermittelt, welche Arbeiten als Teil des Increments abgeschlossen wurden. Wenn ein Product-Backlog- Eintrag nicht der Definition of Done entspricht, kann es weder released noch beim Sprint Review präsentiert werden. Stattdessen wandert es zur zukünftigen Berücksichtigung in das Product Backlog zurück.

Wenn die Definition of Done für ein Increment Teil der Standards der Organisation ist, müssen alle Scrum Teams diese als Mindestmaß befolgen. Wenn sie kein Organisationsstandard ist, muss das Scrum Team eine für das Produkt geeignete Definition of Done erstellen.

Die Developer:innen müssen sich an die Definition of Done halten. Wenn mehrere Scrum Teams an einem Produkt zusammenarbeiten, müssen sie eine gemeinsame Definition of Done definieren und sich alle daran halten.

Version 2017

Das Inkrement ist das Ergebnis aus allen in einem Sprint fertiggestellten Product-BacklogEinträgen und dem Resultat der Inkremente aller früheren Sprints. Am Ende eines Sprints muss das neue Inkrement fertig ["Done"] sein; das heißt es muss in einem verwendbaren Zustand sein und die Definition of Done des Teams erfüllen. Ein Inkrement ist ein Gegenstand inspizierbarer, fertiger [„Done"] Arbeit, der die Empirie am Ende des Sprints unterstützt. Das Inkrement ist ein Schritt in Richtung einer Vision oder eines Ziels. Es muss auch dann im einsatzfähigen Zustand sein, wenn der Product Owner es aktuell noch gar nicht ausliefern will.

Kommentar

In Bezug auf die Definition des Increments selbst hat sich im Scrum-Guide 2020 nichts geändert. Ein Increment muss nach wie vor der Definition of Done entsprechen und verwendbar sein (was man bisher oft unter "potentiell releasebar" beschrieb). Was zwar bislang auch schon möglich war, nun aber stark hervorgehoben wird, ist die Tatsache, dass innerhalb eines Sprints mehr als ein Increment erstellt werden kann und dass die erstellten Incremente auch schon während des Sprints, also noch vor dem Sprint-Review, ausgeliefert werden können.

Dies wird noch verstärkt durch die Aussage, dass ein Sprint-Review niemals als Barriere zur Lieferung von Wert gesehen werden darf. Damit wird nochmals ganz klar gesetzt, dass es sich beim Sprint-Review nicht um ein Abnahme-Meeting, sondern um eine Gelegenheit zum gemeinsamen Lernen und zur Kommunikation über die weitere Entwicklung des Produktes handelt.

Das Commitment des Increments ist die Definition of Done. Nur was dieser entspricht, darf released und am Sprint-Review präsentiert werden.

Schlussbemerkung

Version 2020

Scrum ist kostenlos und wird in diesem Guide angeboten. Das Scrum-Rahmenwerk, wie es hier beschrieben wird, ist unveränderlich. Es ist zwar möglich, nur Teile von Scrum zu implementieren, aber das Ergebnis ist nicht Scrum. Scrum existiert nur in seiner Gesamtheit und funktioniert gut als Container für andere Techniken, Methodiken und Praktiken.

Version 2017

Scrum ist kostenlos und wird in Form dieses Guides angeboten. Die Rollen, Artefakte, Ereignisse und Regeln von Scrum sind unveränderlich. Es ist zwar möglich, nur Teile von Scrum einzusetzen - das Ergebnis ist dann aber nicht Scrum. Scrum existiert nur in seiner Gesamtheit und funktioniert sehr gut als Container für andere Techniken, Methoden und Praktiken.

Kommentar

Auch wenn sich das Wording etwas verändert hat, so bleibt die Schlussbemerkung doch Inhaltsgleich.

Bereiche, welche nicht als separate Titel in der Scrum Guide 2020 geführt sind

Transparenz der Artefakte

Scrum basiert auf Transparenz. Entscheidungen zur Wertoptimierung und Risikokontrolle werden auf der Basis des festgestellten Zustands der Artefakte vorgenommen. Diese Entscheidungen haben in dem Maß eine solide Basis, in dem die Transparenz der Artefakte umfassend ist. Bei einer unvollständigen Transparenz können Entscheidungen auf Sand gebaut sein, Wert kann gemindert und das Risiko erhöht werden.

Der Scrum Master muss mit dem Product Owner, dem Entwicklungsteam und anderen

Beteiligten herausfinden, ob die Artefakte wirklich vollkommen transparent sind. Es gibt Methoden für den Umgang mit fehlender Transparenz; der Scrum Master muss jedem dabei helfen, die bestmöglichen Praktiken zu finden und anzuwenden, wenn vollständige Transparenz nicht gewährleistet werden kann. Ein Scrum Master spürt mangelnde Transparenz durch die Überprüfung der Artefakte, die Erkennung von Mustern, intensives Zuhören, und die Erkennung von Abweichungen zwischen den erwarteten und den tatsächlichen Resultaten auf.

Die Aufgabe des Scrum Masters ist es, mit dem Scrum-Team und der Organisation an der

Verbesserung der Transparenz der Artefakte zu arbeiten. Diese Arbeit bedeutet zumeist Lernen, Überzeugen und Verändern. Transparenz fällt einem nicht in den Schoß, sie ist ein Weg, den es zu beschreiten gilt.

Definition of "Done"

Es müssen alle verstehen, was „Done" bedeutet, sobald ein Product-Backlog-Eintrag oder ein Produkt-Inkrement als „Done" bezeichnet wird. Obwohl sich dies erheblich von Scrum-Team zu Scrum-Team unterscheiden kann, müssen alle Teammitglieder ein gemeinsames Verständnis davon haben wann Arbeit fertig ist, um Transparenz zu gewährleisten. Dies erfolgt durch die Definition of Done des Scrum-Teams und wird dazu verwendet festzustellen, wann die Arbeit an einem Produktinkrement fertig ist.

Die gleiche Definition leitet das Entwicklungsteam bei der Entscheidung, wie viele ProductBacklog-Einträge es während des Sprint Plannings selektieren kann. Der Zweck eines jeden Sprints ist es, Inkremente potenziell auslieferbarer Funktionalität zu liefern, die der aktuellen Definition of Done des Scrum-Teams entsprechen.

Entwicklungsteams liefern jeden Sprint ein Inkrement an Produktfunktionalität. Dieses Inkrement ist vollständig verwendbar, so dass der Product Owner sich jederzeit dazu entscheiden kann, es zu releasen. Wenn die Definition of Done für ein Inkrement Teil der Konventionen, Standards oder Richtlinien der Entwicklungsorganisation ist, müssen alle ScrumTeams diese als Minimalziel befolgen.

Wenn "Done" für ein Inkrement nicht Teil der Konvention der Entwicklungsorganisation ist, muss das Entwicklungsteam des Scrum-Teams eine für das Produkt geeignete Definition of Done formulieren [Anm. d. Übers.: Das heißt nicht, dass Product Owner und Scrum Master nicht eingebunden werden]. Wenn es mehrere Scrum-Teams gibt, die am selben System- oder Produktrelease arbeiten, müssen alle Entwicklungsteams aller Scrum-Teams gemeinsam eine Definition of Done erstellen.

Jedes Inkrement ist additiv zu allen früheren Inkrementen und gründlich getestet, um sicherzustellen, dass alle Inkremente gemeinsam funktionieren.

Von gereiften Scrum-Teams wird erwartet, dass sie ihre jeweilige Definition of Done erweitern, um strengere Kriterien für eine höhere Qualität sicherzustellen. Neue Einträge in der Definition of Done können dazu führen, dass noch zu erledigende Arbeit in früheren "Done" Produktinkrementen aufgedeckt wird. Jedes einzelne

Produkt oder System sollte eine Definition of Done haben, welche den Standard für jegliche daran durchgeführte Arbeit darstellt.

Änderungen des Scrum Guides von 2020 im Vergleich zu 2017 (gemäss Aussage der Scrum Guide 2020)

Noch weniger vorschreibend

Im Laufe der Jahre wurde der Scrum Guide ein wenig vorschreibender. Die Version von 2020 zielte darauf ab, Scrum wieder zu einem minimal ausreichenden Rahmenwerk zu machen, indem die vorschreibende Sprache entfernt oder abgeschwächt wurde. Zum Beispiel wurden die Daily-Scrum-Fragen entfernt, die Sprache um Product-Backlog-Eintrag-Attribute abgeschwächt, die Sprache um Retro-Items im Sprint Backlog aufgeweicht, der Abschnitt zum Sprint-Abbruch gekürzt und mehr.

Ein Team, fokussiert auf ein Produkt

Ziel war es, das Konzept eines separaten Teams innerhalb eines Teams zu beseitigen, das zu einem "Stellvertreter"- oder "wir und sie"-Verhalten zwischen dem PO und dem Dev-Team geführt hat. Es gibt jetzt nur noch ein Scrum Team, das sich auf dasselbe Ziel fokussiert und drei verschiedene Ergebnisverantwortlichkeiten hat: PO, SM und Developer:innen.

Einführung des Produkt-Ziels

Der Scrum Guide von 2020 führt das Konzept eines Produkt-Ziels ein, um das Scrum Team auf ein größeres, wertvolles Ziel auszurichten. Jeder Sprint sollte das Produkt näher an das übergeordnete Produkt-Ziel heranbringen.

Eine Heimat für das Sprint-Ziel, die Definition of Done und das Produkt-Ziel

Frühere Scrum Guides beschrieben das Sprint-Ziel und die Definition of Done, ohne ihnen wirklich eine Identität zu geben. Sie waren nicht ganz Artefakte aber waren diesen in gewisser Weise zugeordnet. Mit der Erweiterung um das Produkt-Ziel bietet die Version von 2020 mehr Klarheit darüber. Jedes der drei Artefakte enthält nun "Commitments" ihnen gegenüber. Für das Product

Backlog ist dies das Produkt-Ziel, das Sprint Backlog hat das Sprint-Ziel und beim Increment handelt es sich um die Definition of Done (jetzt ohne Anführungszeichen). Sie existieren, um Transparenz und Fokus hinsichtlich des Fortschritts jedes Artefakts zu fördern.

Selbstmanagement über Selbstorganisation

Frühere Scrum Guides bezeichneten Development Teams als insofern selbstorganisierend, als dass sie wählen konnten, wer die Arbeit erledigt und wie gearbeitet wird. Mit einem stärkeren Fokus auf das Scrum Team betont die Version von 2020 ein selbstmanagendes Scrum Team. Dieses wählt, wer die Arbeit erledigt, wie und woran gearbeitet wird.

Drei Sprint-Planning-Themen

Zusätzlich zu den Sprint-Planning-Themen "Was" und "Wie" legt der Scrum Guide von 2020 den Schwerpunkt auf ein drittes Thema: "Wofür". Dieses bezieht sich auf das Sprint-Ziel.

Allgemeine Vereinfachung der Sprache für ein breiteres Publikum

Der Scrum Guide von 2020 hat einen Schwerpunkt auf die Eliminierung redundanter und komplexer Aussagen sowie die Beseitigung aller verbleibenden Rückschlüsse auf IT-Arbeit (z.B. Test, System, Design, Requirements, etc.) gelegt. Der Scrum Guide umfasst jetzt weniger als 13 Seiten [Anm. d. Übersetzer: Im Deutschen sind es bis zur Danksagung 14 bis zur Danksagung geworden.].

Die Einführung des Scrum-Guide 2020 in Ihrem/n Team/s

Zunächst muss uns klar sein, dass wir hier nicht von einer Art Software-Update sprechen, bei dem eine alte Programmversion deinstalliert und eine neue installiert wird. Auch ist offensichtlich, dass der neue Scrum-Guide nicht ein "neues Scrum" verkündet, sondern lediglich im Lichte der Entwicklung und des Lernens – auch der Scrum-Guide unterliegt der empirischen Prozesskontrolle von Transparenz, Überprüfung und Anpassung – einige Themen präzisiert wurden und manche Themen, welche womöglich im Rahmen der Vorgängerversion zu sehr als "in Stein gemeißelt" wahrgenommen wurden, eher auf den Status von Beispielen zurückgestuft werden, welche eine gute Umsetzungspraxis darstellen, aber nicht als verbindlich zu gelten haben (wie beispielsweise die "Drei Fragen" im Daily Scrum).

Dies sind nun die Themen, welche im Kontext des neuen Scrum-Guide 2020 eine besondere Beachtung verdienen:

- Stärkung der Zusammenarbeit und der Übernahme von Verantwortung im Scrum-Team
- Zusammenarbeit mit Stakeholder:innen und deren Mitwirkungspflicht

- Die stärkere Fokussierung auf Produkt- und Sprintziel
- Fragen zur Terminierung und Frequenz von Auslieferung
- Mehr Freiraum für empirische Prozesssteuerung

Stärkung der Zusammenarbeit und der Übernahme von Verantwortung im Scrum-Team

Der neue Scrum-Guide ist viel weniger konkret in den Ansätzen zur Umsetzung der Werte von Scrum. Dies bedeutet zum einen mehr Freiheit, andererseits aber auch viel mehr Verantwortung. Noch mehr gilt: Das Team muss im Rahmen seiner kontinuierlichen Verbesserung basierend auf den Werten seine eigene Entwicklung kritisch hinterfragen und geeignete Maßnahmen zur Optimierung finden. Dabei gilt: Es gibt nicht den einen richtigen Weg, sondern eine Vielzahl von Wegen und Umsetzungsmöglichkeiten, basierend auf Experimenten, deren Überprüfung und daraus resultierende Anpassung (übernehmen oder andere Wege suchen) die Grundlage dafür bilden, dass sich das ganze Scrum-Team laufend weiterentwickelt.

Auch hier nochmals ein wichtiger Aspekt: Der gesamte Scrum-Guide stellt verstärkt den Gedanken von einem

Scrum-Team in den Vordergrund. Ja, es gibt verschiedene Rollen, aber auch hier gilt: Es gibt ein Team mit unterschiedlichen Prioritäten und Aufgabenstellungen, aber sie alle haben ein gemeinsames Ziel: die Realisierung von maximalem Kundennutzen. Dieser Nutzen wird nur dann zuverlässig gelingen, wenn alle Beteiligten eine gemeinsame Vorstellung vom Produktziel haben und motiviert sind, dieses gemeinsam zu realisieren.

Zusammenarbeit mit Stakeholder:innen und deren Mitwirkungspflicht

Die Mitwirkungs- und Mitgestaltungspflicht der Stakeholder:innen wird im Scrum-Guide 2020 weiter hervorgehoben. Es macht keinen Sinn, in Scrum zu entwickeln, wenn die Stakeholder:innen nicht ihre fachliche Expertise und ihr Feedback einbringen. Dann wird die zentrale Anforderung, die Maximierung des Kundennutzens, nicht gelingen und die ganze Entwicklung wird quasi zum "Blindflug".

Die stärkere Fokussierung auf Produkt- und Sprintziel

Eine zentrale Fragestellung, wenn es um die Realisierung von Kundennutzen geht, ist auch stets die Frage "Warum tun wir, was wir tun?". Diese Frage wird auf Produkt- und Release-Ebene vom Produktziel und auf Sprintebene vom Sprintziel bestimmt. Es geht nicht darum, wie beim Wasserfall bis Projektende eine vereinbarte Gesamtumsetzung umzusetzen, sondern – wenn wir uns um das Thema Nutzenmaximierung kümmern – immer darum, sicherzustellen, dass das, woran gerade gearbeitet wird, stets zu dieser Nutzenmaximierung beiträgt. Auch dieser Prozess ist ein Prozess der empirischen Prozesskontrolle.

Fragen zur Terminierung und Frequenz von Auslieferung

Viele Firmen nutzen das Sprint-Review fälschlicherweise als eine Art Freigabe- oder Test-Meeting, in dem im Sprint umgesetzte Arbeiten abgenommen und für die Auslieferung freigegeben werden sollen. Das war bereits bisher nicht der Fall. Durch die in dem neuen Scrum-Guide nochmals explizitere Darstellung, dass Auslieferung auch während des Sprints stattfinden kann und ein Review nie der Maximierung von Kundennutzen im Wege stehen darf, liegt hier nochmals ein Fokus. Tatsächlich ist es sehr sinnvoll, wenn sich das Team gemeinsam damit auseinandersetzt, wie eine häufigere Auslieferung sichergestellt werden kann. Üblicherweise wirken sich solche Anstrengungen insgesamt auf die Verbesserung der Prozesse und der Zusammenarbeit, aber auch auf die Nutzung von Potenzialen in Bezug auf Automatisierung aus.

Das konkrete Vorgehen in der Weiterentwicklung

Als konkretes Vorgehen, wenn es darum geht, den Scrum-Guide 2020 anzugehen und eine Migration ausgehend vom Scrum-Guide 2017 anzustreben, kann nur agiles Vorgehen zählen. Dabei gilt es zweifellos die vorgenannten Punkte im Auge zu behalten. Allerdings kann dies nicht quasi als Big Bang stattfinden, sondern sollte vielmehr im Rahmen des normalen Prozesses zur kontinuierlichen Verbesserung insbesondere fokussiert in den Sprint-Retrospektiven angegangen werden. Dabei sollten die in dem Scrum-Guide 2020 hervorgehobenen Themen angesprochen und mit dem aktuellen Stand verglichen werden. Dies kann in unterschiedlicher Weise geschehen.

Ansätze können beispielsweise im Rahmen von Ansätzen wie dem Nokia-Test oder Ähnlichem stattfinden, wobei ggf. Fragestellungen und Skalen an die genannten Themen angepasst werden können. Anschließend sollte gemeinsam diskutiert werden, wo sich sinnvolles Verbesserungspotential ergibt, und darauf basierend sollten eine oder maximal zwei konkrete Maßnahmen (nach SMART-Ansatz) beschlossen werden. In der nächsten Retrospektive können dann Veränderungen evaluiert und ggf. nachgesteuert oder neue Themen angegangen werden. Wir sollten uns also im Rahmen unserer normalen Scrum- Prozesse bewegen, wenn wir unsere Implementierung von Scrum angehen wollen. Dabei gilt wie bei jedem agilen Optimierungsprozess: Es gibt keinen Endpunkt, an dem wir "alles erreicht haben", sondern es gibt immer Potenzial zur Weiterentwicklung.

Scrum Glossar gemäss Scrum Guide 2020

Englischer Begriff	Deutscher Begriff
accountable	ergebnisverantwortlich
adaptation	Anpassung
Commitment	Commitment
Courage	Mut
cross-functional	interdisziplinär
Daily Scrum	Daily Scrum

Definition of Done	Definition of Done
the Developer the Developers	der:die Developer:in; die Developer:innen
Done	Done
empiricism	Empirie
event	Event
feedback	Feedback
Focus	Fokus
forecast	Vorhersage
framework	Rahmenwerk

Increment	das Increment
inspect & adapt	Überprüfung und Anpassung
inspection	Überprüfung
Lean Thinking	Lean Thinking
Openness	Offenheit
process framework	Prozessrahmenwerk
product	Produkt
Product Backlog	das Product Backlog
Product Backlog item	Product-Backlog-Eintrag

Product Goal	Produkt-Ziel
the Product Owner	der:die Product Owner:in
refinement	Refinement
Respect	Respekt
responsible	umsetzungsverantwortlich
Scrum Artifacts	Scrum-Artefakte
Scrum	Scrum
Scrum Events	Scrum Events
Scrum Guide	Scrum Guide

the Scrum Master	der:die Scrum Master:in
Scrum Team	Scrum Team
self-management	Selbstmanagement
Sprint Backlog	das Sprint Backlog
Sprint Backlog item	Sprint-Backlog-Eintrag
Sprint Goal	Sprint-Ziel
Sprint Planning	das Sprint Planning
Sprint progress	Sprint-Fortschritt
Sprint Retrospective	die Sprint Retrospective

Sprint Review	das Sprint Review
timebox	die Timebox
timeboxed	zeitlich beschränkt
value	Wert
Transparency	Transparenz